東京大学未来社会協創推進本部［監修］

東大×SDGs

先端知からみえてくる
未来のカタチ

山川出版社

東大×SDGs

先端知からみえてくる未来のカタチ　もくじ

Goal1　貧困をなくそう

Goal2　飢餓をゼロに

Goal3　すべての人に健康と福祉を

4 Goal 4 質の高い教育をみんなに

5 Goal 5 ジェンダー平等を実現しよう

Goal 9　産業と技術革新の基盤をつくろう

10 人や国の不平等をなくそう

Goal 10　ヒトや国の不平等をなくそう

11 住み続けられるまちづくりを

Goal 11　住み続けられるまちづくりを

Goal 15 陸の豊かさも守ろう

Goal 16 平和と公正をすべての人に

Goal 17 パートナーシップで目標を達成しよう

本書について
※マークの見方

※登場する大学関係者の所属は2021年2月現在のものです。

SDGsを道標に

あなたとともに未来を創る東京大学

第30代東京大学総長　**五神 真**

　20世紀の終わり頃に出現したインターネットは、この4半世紀の間に私たちの日々の生活にとって不可欠なものとなり、社会経済活動を支えるしくみそれ自体のなかに大きくくみ込まれていきました。AI（人工知能）やビッグデータともあいまって、以前には想像もできなかったさまざまな利便性を私たちは手に入れるようになりました。一方で、気候変動に代表される制御しがたい地球環境問題の深刻化をはじめ、社会の分断や格差の拡大も急速に進行し、寄辺なき難民の数は第二次世界大戦後、最高水準になっています。

　こうした課題からせりあがってくる地球規模の危機感は、先進国途上国を問わず世界全体で共有されるようになり、その中で「持続可能な開発目標（SDGs）」が2015年の国連総会ですべての加盟国の賛同を得て採択されました。

　このSDGsの採択は、とても画期的なことでした。ひとつには、採択までのプロセスが広範な立場の人々によるボトムアップ型で進められたことです。通常の条約は政府が主体となる国家間交渉で進められますが、SDGs では3年をかけ、政府のみならず市民団体、コミュニティ、企業、研究者、女性、若者といった多様な立場の人々が意見を出しあいました。もうひとつは、その主題のカバレッジ、すなわち視野にいれ押さえている範囲が包括的であることです。17の目標と169のターゲットによって、私たちの暮らす経済、社会、環境をあまねく、多くの観点から捉えたものになっています。その結果、あらゆる立場の人や国が当事者として参加でき、世界的な行動を起こすプラットフォームが構築されたのです。

　SDGsがこうしたユニークな特性をもって生まれたことには、いくつかの理由があると思います。まず、「発展」を経済の観点から貨幣指標で測るだけでは不十分だということが明らかになり、多元的で包摂的な尺度が必要となりました。そして現在の世界危機を解決していくには、政府だけでなく、企業、研究者、そして市民一人ひとりが真剣に関わっていかなければなりません。私たちの経済・社会のあり方そのものを大きく変えていくことが必要になっています。ボトム

アップ型であって、しかも包括的な枠組みが求められる理由です。特に環境問題の条約交渉では、南北問題が大きく立ちはだかることがあります。全加盟国が採択したSDGsは、私たちが地球環境を守るためには世界の分断を乗りこえていく必要があり、南北の対立を超えて人類共有の資産、いわゆるグローバル・コモンズを守らなければならないという決意表明であると思います。

気候システムや生物多様性、海洋環境の保全などを含む、地球の持続可能性について、世界の専門家は深刻な警鐘を鳴らしています。現在の地球は、あらゆる環境に人間の活動が刻みこまれた新たな地質年代「人新世」(Anthropocene)に入ったといわれます。科学者たちは、いくつもの重要な分野ですでに地球環境の限界を超えている可能性が高く、このままだと我々は、人類の発展を支えてきた安定性や回復力を備えた地球システムを失うことになると指摘します。専門家の多くは「カーボンニュートラル(脱炭素社会の実現)に向けて、2030年までに二酸化炭素を半減できなければ、人間は地球の持続可能性を自分たちに取り戻すチャンスを失ってしまう」と強く警告しています。

地球システムを人類全体の共通基盤として、どう守っていくのか、それは普遍的で喫緊の課題です。そのために、東京大学は守るべきものをグローバル・コモンズ(人類の共通財産)と位置づけ、そこにあらわれるさまざまな問題の根本的な解決策を探求するため、2020年8月にグローバル・コモンズ・センターを開設しました。グローバル・コモンズを保全するだけでなく、新たに創成するためには、現在のエネルギーや食料、都市のあり方といった社会・経済システムを根本から変革し、多様なステークホルダーが責任のある財産管理活動(スチュワードシップ)において連携することが必要であり、国や企業、個人の行動変容を呼び起こす新しい方法を考え出さなくてはなりません。この複雑で難しい課題に、私たちはどう挑戦すればいいのでしょうか。私はその重要な鍵となるのが、冒頭でふれたインターネットに代表されるデジタル・テクノロジーではないかと考えます。

現在、世界ではIT(情報技術)やAI、ビッグデータといったデジタル・テクノロジーの活用によって私たちの生活や社会・経済のあり方を変革する、デジタル・トランスフォーメーションが急速に進んでいます。SDGsの実現においてもデジタル・テクノロジーは不可欠であり、本書に紹介される各分野の研究者たちのプロジェクトの中にも、それを活用した事例が見られます。

グローバル・コモンズとしての地球システムの保全と新たな創成においても、

このデジタル・トランスフォーメーションは課題解決に向けた大きな推進力になります。グローバル・コモンズ・センターが作成を進めている、世界各国がグローバル・コモンズを守るためにどう貢献したかを世界で初めて測定して尺度化する「グローバル・コモンズ・スチュワードシップ・インデックス」(いわば、グローバル・コモンズ貢献度指標) にも、膨大なデータと高度なデジタル・テクノロジーが寄与してくれます。

　そうであればこそ、サイバー空間のあり方もきわめて重要になってくるでしょう。近年、フェイクニュースという言葉が話題になって真偽の根拠が問われ、国家によるデータの管理の是非や、IT企業がデータを独占する動きに批判の声があがるなど、そこにあらわれたマイナス面を含む多くの問題が指摘されています。サイバー空間は本来、フェアなものであるべきで、それが信頼され、正しく機能してこそ、「より良い未来社会」へとつながります。リアルな空間とサイバー空間とがデジタル・トランスフォーメーションによって高度に融合される現代だからこそ、多くの情報が交流し蓄積され参照されるサイバー空間もまた、地球システムと同様に私たちが守らねばならないグローバル・コモンズであるといえるのではないでしょうか。

　2020年から人類を襲った新型コロナウイルスは、私たちの暮らしや社会生活にさまざまな影響をもたらしました。そのなかで露呈した大きな課題のひとつが、私たちのデジタル・トランスフォーメーションへの備えが、いまだ十分ではなかったということです。このことを教訓に、その備えをより確かなものとし、「より良い未来社会」に向けた改革を加速していかなければなりません。

　本書を手にとってくださったみなさんの中には、当たり前に受け入れていた既存のシステムが変化していくことについて、戸惑いや不安を感じる人もいるかもしれません。しかし、テクノロジーが未来を決めるわけではありません。私たちが、望ましい未来を構想し、より良い世界のあり方を決めていくのです。みなさんには、ピンチを逆にチャンスとして考える柔軟な思考を育み、人類が直面している課題を他人ごとではなく「自分ごと」として捉え、「より良い未来社会」を自らの手で創りだしていってほしいと願ってやみません。

ごのかみ まこと
理学博士 (東京大学)。専門は光量子物理学。科学技術・学術審議会委員等を務める。
著書に『新しい経営体としての東京大学：未来社会協創への挑戦』等。

この10年が人類生存の分岐点

地球という「人類の共有財産」(グローバル・コモンズ) を守るために

東京大学グローバル・コモンズ・センター初代ダイレクター　**石井菜穂子**

　私たち人類は今、重大な岐路に立っています。

　地球上では毎日、膨大な量の温室効果ガスが大気中に放出され、大量のプラスチックや産業廃棄物が川や海に流れ出ています。さらには、生物多様性を支え、温暖化の主因である二酸化炭素を貯蔵してくれる熱帯雨林や北方林などの森林が、急速な開発により日々破壊され、縮小し続けています。今こそ社会や経済のあり方を急いで変革してサステイナブル (持続可能) な未来への道筋を見つけられるか、それともこれまでのやり方で地球環境が制御不能になりかねない危機へ突入するのか、その分かれ道に私たちは立っているのです。

　私は財務省、国際通貨基金 (IMF) や世界銀行で、長く財政や国際金融、開発の仕事にかかわってきました。ところが国家予算や投資計画のような大きな判断の中で、地球環境の深刻さを考慮したことがありませんでした。国や国際機関で重大な意思決定をする立場の人々の間でも、地球システムの安定と自己修復力が限界に近づいていることは正しく認識されてこなかったのです。

　その状況を変えるひとつの大きなきっかけになったのが、世界的な環境学者として知られるヨハン・ロックストローム博士 (現ポツダム気候影響研究所所長) らのグループが2009年に提示したプラネタリー・バウンダリー (地球環境の限界) という概念です。気候変動や海洋酸性化、生物多様性の喪失など地球システムの安定性とレジリエンス (自己修復力) を脅かしうる重要な9つのプロセスを特定し、その安定的機能が不可逆的に損なわれる限界を定量化しました。その状況の変遷を見てみると、1950年の時点で限界点を超えていたのは生物多様性の喪失だけでしたが、2015年にはそれに加え、気候変動、化学的循環 (窒素・リン)、土地利用変化の4つが限界点を超えてしまったのです。

　こうした科学的知見に触発されて、国際社会は少しずつ動き出しました。2012年のリオ＋20 (国連持続可能な開発会議) を契機にサステイナビリティ (持続可能性) の概念が世界で広く意識されるようになり、2015年には画期的な2つの大きな国際的枠組みが採択されました。そのひとつが地球温暖化を止めるため各国

の温室効果ガス削減計画の策定を義務化したCOP21（第21回気候変動枠組条約締約国会議）のパリ協定であり、もうひとつが国連総会で採択された「持続可能な開発のための2030アジェンダ」の具体的行動指針であるSDGs（持続可能な開発目標）です。

　SDGsは、今や学校の教科書や企業の報告書などで広く紹介されており、誰もがその目標や背景を学び、持続可能な社会への変革に参加することができます。ここで重要なのは、17のゴール、169のターゲットに及ぶSDGs全体を、どのような構造として理解すべきかということです。ここで見てほしいのが、SDGsの目標を「3層のウエディングケーキ」として整理した図1です。一番下の基礎となるケーキの層は、気候や生物多様性、水、海洋など人間を含むすべての生命の命を支える「地球システム」です。その土台があって、私たちの「社会」、そして「経済」という上の層がはじめて成り立ちます。

　SDGsの17のゴールをこのような形で示すポイントは2つあります。まず、私たちの社会や経済を変革する美しい絵だけをいくら描いてみても、一番下の「地球システム」が壊れてしまったらそれらは実現不能、すべて「絵に描いた餅」で終わってしまうということです。私たちの社会や経済すべてを根底で支えている「地球システム」を、一度壊してしまったら取り返しのつかないものとしてしっかり守ることが、より良い社会や経済を考える大前提だというのが第1のポイントです。

　第2のポイントは、最下層の「地球システム」を守るには、その上にのっている社会・経済の層で、私たちが変革のアクションを起こさなくてはならないということです。今地球を壊しつつある経済システム、すなわち政策、企業行動、私たちの日々の行動を変えることが、地球を守り、ひいては社会や経済を持続可能にするために必要なのです。SDGsの本質を理解するには、17あるゴールを別々に考えるのではなく、このような構造の視点でとらえることが役に立ちます。

　さらに、SDGsを考える際に大切なことがあります。SDGs達成の目標年度は2030年です。一方で、地球と人類を未来に向けて持続可能に

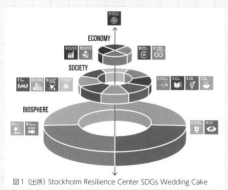

図1 （出所）Stockholm Resilience Center SDGs Wedding Cake

SUSTAINABLE DEVELOPMENT GOALS

するためには、今世紀半ば、2050年を視野に入れなくてはなりません。パリ協定でうたわれているように、地球システムの安定を守るためには今世紀末の気温上昇を2度、できれば1.5度に抑えなければなりません。そのためには今世紀半ばまでに世界全体で温室効果ガスの排出をネットでゼロにする必要があります。これが達成されないと、地球の気温は制御不能な上昇スパイラルに陥る危険があります。地球温暖化と密接につながる生物多様性などプラネタリー・バ

6つの社会・経済システム転換

デジタル革命
AI（人工知能）
ビッグデータ
バイオテック
ナノテック
自律システム

能力開発
教育
エイジング
労働市場
ジェンダー
不平等の是正

スマートシティ
適正な住まい
移動手段
持続的なインフラ
汚染

生産と消費
資源利用
サーキュラーエコノミー
充足、汚染

食料、生物圏と水
持続的な増大
生物多様性
森、海
健康的ダイエット
栄養

脱炭素とエネルギー
エネルギーへのアクセス
効率化
電化
適正なサービス

図2 The World in 2050をもとに作成

ウンダリーを構成する他の地球システムの要素の保全も同時に必要です。私たちは2030年を経て2050年までに、その先の持続可能性を確保するための基盤をつくり上げる必要があります。

　ここで重要なのは、まず2050年に実現すべき社会や経済の具体像を描き、その実現のために、例えば2030年までには何をするかといった道筋を総合的に考えることです。これをバックキャスティングといいます。

　その考え方に基づいて、世界の様々な研究機関が、2030年を経て2050年に向け人類がとりくまなくてはならない社会・経済システム転換の道筋を構想しています。一般に共有されているのは、現在の経済システムを、エネルギー制度、食料制度、生産消費のあり方、都市化のあり方に分けて、そのシステム転換の経路を考えること、その転換を促すように制度・政策、金融、テクノロジーなどしくみを変えること、そして、すべての基礎となる私たちの意識や行動を変えリーダーシップを発揮することです。これだけの大きなシステム転換を2050年までに成し遂げることが、私たちの経済社会をプラネタリー・バウンダリーの枠内に保ち、地球と人類の未来を持続可能で豊かにするために必須であるということを、科学は示しています。

　この転換は、従来の国家間の条約や国際組織のとりくみだけでは十分に実現できません。1992年に採択された気候変動枠組条約はすでに30年がたつのに、地球温暖化を止められていません。生物多様性条約や砂漠化対処条約なども、同様に十分な効果を発揮できていません。残された時間が限られる中で、私たちはこれまでのやり方を大きく改善しなくてはならないのです。

　ここで「コモンズ」という考え方が役に立ちます。もともとコモンズとは、コミュニティが共有し共に利用する（誰かの所有に属さない）牧草地や漁場のことです。コモンズは、皆で協力して乱用や乱獲を防げば、ずっと豊かに利用し続けられます。しかし、管理を怠り、早い者勝ちやただ乗りなどを野放しにすると荒れ果て、皆が苦しむことになります。これを「コモンズの悲劇」といいます。今の世界では、人類社会を支える「地球システムの安定とレジリエンス」がグローバル・コモンズ（人類の共有財産）です。ところが、うまく管理するしくみが未整備なため、グローバル・コモンズはやりたい放題に痛めつけられてきました。それを人類の協調によって賢く管理する方法、つまりグローバル・コモンズのスチュワードシップ（管理責任）がぜひとも必要です。

　2020年、東京大学にグローバル・コモンズ・センターが設立されました。グローバル・コモンズという考え方の重要性、それを守るための道筋と実践のしくみを新たに構想するためです。そこでは、まず、世界各国がグローバル・コモンズの保全にどれだけ貢献しているかを総合的かつ客観的にはかる指標づくりを行います。これは、すべての国に、地球を守るための共同の責任や協調の必要性についての議論を促すための道具となります。また、SDGsの17のゴールを未来に続く形で達成するために、2050年までの社会・経済システム転換のシナリオを科学に基づいて描いていきます。さらに、大学や企業、自治体、国や国際組織など多様なステークホルダーと協働して、グローバル・コモンズ・スチュワードシップの実践を促す方法も研究します。

　世界のリーダーたちが、「我々にはあと10年しか残されていない。この10年に大きな軌道修正ができなければ、2050年のサステイナビリティ達成は不可能だ」と警告しています。そのためにはスピードとスケールが鍵です。地球を変えてしまったのは、私たち人類です。だから、今度は私たちが変わる番なのです。

いしい　なおこ
東京大学卒業後、大蔵省入省。IMF政策審査局エコノミスト、世界銀行東アジア局、副財務官等を経て地球環境ファシリティ（GEF）CEO兼任議長。現在は東京大学理事。

東京大学SDGsプロジェクトについて
未来社会協創に向けたプロジェクトの分析とマッピング

未来ビジョン研究センター　**菊池康紀** 准教授

社会の将来ビジョンと未来社会協創

　持続可能な社会、循環型社会、脱炭素社会などといった様々な将来ビジョンが示されている中、Society5.0 [1] や地域循環共生圏 [2]、サーキュラーエコノミー [3]、バイオエコノミー [4]、持続可能な開発目標 (SDGs: Sustainable Development Goals) [5]、パリ協定 [6] など、具体的な目標や約束、とりくみなどが国内外で提案され、これに資する技術や政策などが議論されてきています。社会の将来ビジョンへ到達するには、このままいったらどうなるのか、ということを考えるフォアキャスティングや、あそこへ行くにはどうすればよいのかを考えるバックキャスティングといった思考で、中長期的な道筋を考えていく必要があります。このとき、必ずしもフォアキャスティングとバックキャスティングで考えた道筋が交わらず、乖離してしまうことがあります。こうした乖離を乗り越えられるようなシナリオを描き検討することをシナリオ分析ということができます。

学内の研究プロジェクトと持続可能な開発目標

　大学で実施している学術研究や活動は、現在から将来ビジョンにたどり着くためのシナリオを計画し進んでいくことに資するものであり、多分野にまたがる課題を解決し目標を追求するためには、未来社会協創が不可欠です。未来社会協創プロジェクトの新規立ち上げには、学内外のシーズを社会のニーズに結びつけて提案していくしくみが有効と考えています。例えば、社会課題と関係のあるプロ

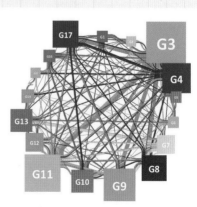

図1｜東京大学 未来社会協創推進本部 登録プロジェクトが関連するSDGs：登録数の多いGoalほど大きく表示され、複数のSDGsと関連がある場合にフローが太くなる

ジェクトや、同じ目標にとりくむプロジェクトなどを見つけやすくするしくみなどは、協創において不可欠といえます。そこで、具体的な将来社会ビジョンとしてSDGsを取り上げ、実際にどのような目標に向けて学術研究・活動が展開されているかを以下で整理してみます。

未来社会協創推進本部への登録プロジェクト

　東京大学未来社会協創推進本部では、SDGsの17目標に基づき、東京大学の多様な活動を可視化・発信し、シナジーと社会的価値の創出につなげるためのしくみとして、登録プロジェクトを学内から募り、Webサイト[7]で公開していま

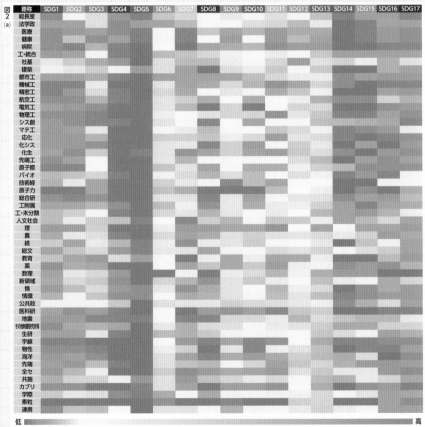

図2｜東京大学の研究者が関係している学術論文・文献（Web of Science[9]登録のもの（2020年9月現在））とSDG目標との類似性。部局名については表1を参照。(a) 全部局の全SDG目標との類似性の中で最も数値の

SUSTAINABLE
DEVELOPMENT GOALS

す。2020年12月21日現在登録数は204プロジェクトです。当該Webサイト
では個々のプロジェクトについて、関連するSDGsに加え、代表者や概要文・概
要図、プロジェクトに関するURL、学内外を含む共同実施者、おもな関連研究論
文や問い合わせ先がまとめられています。このとき、個々のプロジェクトはひと
つのSDGのためだけに展開されているとは限らず、ひとつのプロジェクトが複
数のGoalに関係していることがあります。これを複数のSDGにまたがったネッ
トワーク図で描いてみますと、図1のようになります。すべてのGoalに対して
複数のプロジェクトが登録されており、なかでも、SDG3やSDG11、SDG9と
技術革新などにかかわるものが多いことがわかります。また、概要文等からわか

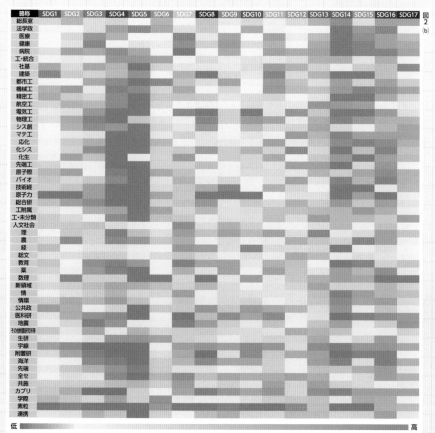

図2(b)

低　　　　　　　　　　　　　　　　　　　　　　　　　　　　　　　　　　　　高

高いものを基準としたヒートマップ、(b) 個々のSDG目標において最も数値の高いものを基準としたヒート
マップ。なお、特定の方法に基づく分析の一例であり、実態と異なる場合がある。

る範囲であっても、SDGsの169のターゲット全体のうち約90%をカバーして
いることがわかります。

その他の学内研究プロジェクト

　ここまで、東京大学未来社会協創推進本部のWebサイト上に登録されたプロ
グラムについて整理してきましたが、この登録プロジェクトには学内のすべての
学術研究や活動が掲載されているわけではありません。例えば、文部科学省およ
び日本学術振興会が交付する科学研究費助成事業[8]の中に、東京大学に所属す
る研究者が代表を務めるプロジェクトは、過去約5年間で約1万5000件ありま
す。Web of Scienceというオンラインの学術論文データベース[9]上には、過
去約10年間で学術論文・文献として約12万件、登録されています。こうした
学術知には、真理の探究から、社会の将来ビジョンの実現まで様々なものが含ま
れていますが、まさに爆発的に増加していくため、全体を把握し続けることは容
易ではありません。

　多様に存在している研究プロジェクトですが、これをSDGsの各目標を説明す

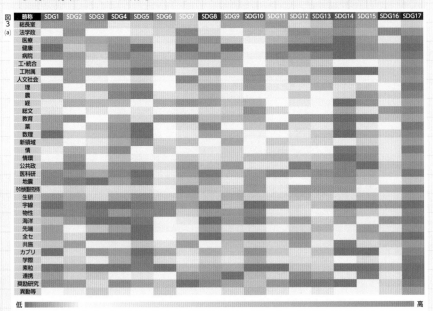

図3｜文部科学省および日本学術振興会が交付する科学研究費助成事業[8]の中に、東京大学に所属する研究者が代表を務
めるプロジェクト（2020年9月現在）とSDG目標との類似性。部局名については表1を参照。(a) 全部局の全SDG目標との

るキーワードとの類似性を取ることで、どの目標に近いプロジェクトを行っているかを分析する、トピック類似性に基づく分析によって、SDGsとの関連性を定量的に表してみます。

　まず、SDGsの17目標についてですが、それぞれの目標を説明するキーワード群を作成する必要があります。SDGsを説明する文章としては、多くの言語に訳されている17目標と169ターゲットの定義としての説明文が公式に存在しています [5] (以下、SDGs定義文)。これらからキーワードを抽出して各SDG目標を説明するキーワード群とすることもできるのですが、このSDGs定義文に含まれている単語には、エネルギーや産業、教育、技術、消費、など、一般的にも使用されるような単語が多く、研究プロジェクトを説明する際に使用されているキーワードと必ずしも一致しない可能性が高く、類似性を見るのが難しいことが考えられます。そこで、「持続可能な開発ソリューション・ネットワーク」*(Sustainable Development Solutions Network) から出されたSDGsキーワード [10] や、学術論文データベースに対していくつかのキーワード群を各SDG目標について試した既往の事例 [11] などを、組み合わせながら用いて、各SDG目標をそれぞれ説明す

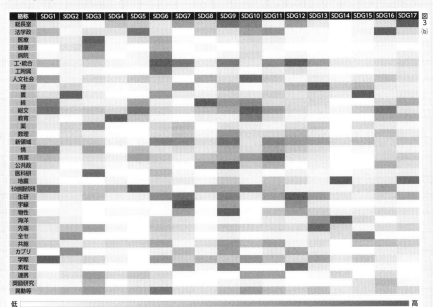

図3
(b)

類似性の中で最も数値の高いものを基準としたヒートマップ、(b) 個々のSDG目標において最も数値の高いものを基準としたヒートマップ。なお、特定の方法に基づく分析の一例であり、実態と異なる場合がある。

*2012年に国連の潘基文事務総長が設立を発表した、研究機関や大学、市民団体等が世界の環境・社会・経済問題を解決し、持続可能な社会を実現するための最善の方法を明らかにして共有することを目的とするグローバル・ネットワーク。世界各地に活動拠点が形成され、日本でも2015年にSDSN Japanが発足した。

表1 | 教育研究組織名略称　一覧

略称	部局	
総長室	総長室/本部業務/寄付講座/プロジェクト	
法学政	法学部・法学政治学研究科	
医療	医学部・医学系研究科：医学(医療行為関連)	図2,3
健康	医学部・医学系研究科：看護・健康学(医療補助、健康学、衛生学関連)	
病院	医学部・医学系研究科：院内臨床(附属病院)	
工・統合	工学部・工学系研究科・統合	
社基	工学部・工学系研究科(社会基盤学専攻)	
建築	工学部・工学系研究科(建築学専攻)	
都市工	工学部・工学系研究科(都市工学専攻)	
機械工	工学部・工学系研究科(機械工学専攻)	
精密工	工学部・工学系研究科(精密工学専攻)	
航空工	工学部・工学系研究科(航空宇宙工学専攻)	
電気工	工学部・工学系研究科(電気系工学専攻)	
物理工	工学部・工学系研究科(物理工学専攻)	
シス創	工学部・工学系研究科(システム創成学専攻)	
マテ工	工学部・工学系研究科(マテリアル工学専攻)	図2
応化	工学部・工学系研究科(応用化学専攻)	
化シス	工学部・工学系研究科(化学システム工学専攻)	
化生	工学部・工学系研究科(化学生命工学専攻)	
先端工	工学部・工学系研究科(先端学際工学専攻)	
原子際	工学部・工学系研究科(原子力国際専攻)	
バイオ	工学部・工学系研究科(バイオエンジニアリング専攻)	
技術経	工学部・工学系研究科(技術経営戦略学専攻)	
原子力	工学部・工学系研究科(原子力専攻)	
総合研	工学部・工学系研究科(附属総合研究機構)	
工附属	工学部・工学系研究科(附属センター等)	図2,3
未分類	工学部・工学系研究科(未分類)	図2
人文社会	文学部・人文社会系研究科	
理	理学部・理学系研究科	
農	農学部・農学生命科学研究科	
経	経済学部・経済学研究科	
総文	教養学部・総合文化研究科	
教育	教育学部・教育学研究科	
薬	薬学部・薬学系研究科/学内製薬会社	
数理	数理科学研究科	
新領域	新領域創成科学研究科	
情	情報理工学系研究科	
情環	情報学環・学際情報学府/知の構造化センター	
公共政	公共政策学連携研究部・公共政策学教育部	
医科研	医科学研究所(附属病院他)	
地震	地震研究所	図2,3
その他附置研究所等	東洋文化研究所/社会科学研究所/史料編纂所//定量生命科学研究所/東京カレッジ	
生研	生産技術研究所	
宇線	宇宙線研究所	
物性	物性研究所	
海洋	大気海洋研究所	
先端	先端科学技術研究センター	
全セ	全学センター/ニューロインテリジェンス国際研究機構	
共施	学内共同教育研究施設/全国共同利用施設	
カブリ	カブリ数物連携宇宙研究機構	
学際	学際融合研究施設/環境安全本部	
素粒	素粒子物理国際研究センター	
連携	連携研究機構	

るキーワード群を作成しました。結果として、平均で日本語130語(69語～177語)、英語138語(58語 ～255語)(2021年1月現在)によって各SDG目標を説明するキーワード群を作成しました。

次に、学内研究成果とプロジェクトから、それぞれの特徴を表すキーワードを抽出していきます。東京大学の学部や研究センターなどの部局別に、研究成果・プロジェクトのキーワード群を作成して、SDG目標を説明するキーワード群との類似性を分析していきます。類似度の解析のしかたにはいろいろな手法が存在していますが、本稿では、文書間の類似性を分析するためによく使われているコサイン類似度という指標を用いて、SDG目標と研究プロジェクトのそれぞれを表すキーワード群同士の類似性を定量化します。この指標では、1に近ければ類似しており、0に近ければ似ていないことになります。なお、SDG目標を説明するキーワード群として完璧なものを用意することは困

難であり、同時に、常に新しい概念や方法が生み出されている研究成果におけるキーワードと必ずしも合致しないものも多くあります。そのため、以降で示す結果はあくまでデータから解析できる現段階の暫定的なものであり、実態と異なる部分があるといえます。

　図2に、学術論文データベースから抽出された東京大学の研究者が関係している文献について、部局別のSDGへの関連度をまとめたマップを示します。学術論文に記載された成果をもとにした分析により、各部局のSDG関連度がマッピングできました。ただ、今回使用したデータベースに登録されている学術雑誌のほとんどは英文のものであり、分野によっては論文・文献等を日本語で書くことが多い／英語で書くことが多い、雑誌に記載の所属情報が機関名（東京大学）のみで部局がわからない、などにより、偏りが生じてしまうことは確かであることに注意が必要です。続いて図3に文部科学省および日本学術振興会が交付する科学研究費助成事業[8]の中に、東京大学に所属する研究者が代表を務めるプロジェクトについて、SDG目標との類似度を解析した結果を示します。学術論文・文献における結果と同様、各部局において関連しているSDGが可視化できています。

　全体を総覧して見てみると、まず、図2および図3における (a) の結果からは、全部局×SDG目標の類似性で最も大きなものを基準としており、全学のSDG目標への貢献度をみることができます。SDG3やSDG6、SDG9、SDG10、SDG13などといった目標が、全体の中でも類似性の高い研究を行っていることがわかります。図2および図3における (b) の結果からは、一部のSDGsについては特定の部局だけではなく、複数の部局と関連があることが見て取れます。例えば、SDG1やSDG2、SDG6や、SDG12、SDG13などは、多くの部局がそれぞれの専門分野からかかわっているGoalであることがわかります。既に協創の関係にある部局もありますが、全学でとりくむことができるGoalであることがわかります。同時に、特定の部局において実施されている研究が多数のSDGと関連してとりくまれていることもわかります。これは、SDG目標一つ一つが、特定の部局からのアプローチだけで解決するような問題ではないことを同時に意味しています。

まとめ、未来社会協創へ向けて

　学術研究は日々新たな成果をつくり続けています。本稿で紹介したように、研究プロジェクトを各SDG目標のトピックに合わせて分析・マッピングすることで、どの目標にどの部局が強く関連をもっているかを、データをもとに可視化することができます。このようなしくみを拡充すると、それぞれの部局で実際に展開されている研究プロジェクトまで逆引きすることもでき、それぞれの目標にかかわる研究プロジェクトを抽出することができます。さらに、同様な分析を行うことで、SDGsに限らず、地域循環共生圏やSociety5.0、サーキュラーエコノミー・バイオエコノミーなど、近年になり設定されてきた他の枠組みや目標に関しても適用でき、学術論文や研究費助成などのデータベースの成長とともに、新たな社会的課題と結び付けた分析とマッピングが可能です。また、社会的なビジョンとして提案されている枠組みにあわせて整理することで、学外で展開されているとりくみと学内のプロジェクトをマッチングさせることも可能になります。例えば、企業におけるSDGsへのとりくみや地域における活動、各府省の補助事業などで展開されているとりくみなどをマッチングさせることにより、社会的ニーズ・シーズと学術研究・活動を結び付けることができるようになり、新たな協創へつなげていくことができます。

きくち　やすのり
東京大学大学院工学系研究科化学システム工学専攻修了（博士（工学））。専門は、ライフサイクルアセスメント等を用いた技術評価とシステム設計、知識の構造化。

引用文献
[1] 内閣府 (2016) 科学技術基本計画 https://www8.cao.go.jp/cstp/kihonkeikaku/index5.html （2021/1/12）
[2] 環境省 (2018) 地域循環共生圏 https://www.env.go.jp/seisaku/list/kyoseiken/index.html (2021/1/12)
[3] Ellen Macarthur Foundation, What is the circular economy? https://www.ellenmacarthurfoundation.org/circular-economy/what-is-the-circular-economy (2021/1/12)
[4] European Commission, Bioeconomy, https://ec.europa.eu/programmes/horizon2020/en/h2020-section/bioeconomy (2021/1/12)
[5] United Nations (2015) Sustainable Development Goals https://www.un.org/sustainabledevelopment/sustainable-development-goals/ (2021/1/12)
[6] UNFCC (United Nations Framework Convention on Climate Change), (2015) The Paris Agreement, https://unfccc.int/process-and-meetings/the-paris-agreement/the-paris-agreement (2021/1/12)
[7] 東京大学未来社会協創推進本部、登録プロジェクト、https://www.u-tokyo.ac.jp/adm/fsi/ja/projects/sdgs/ (2021/1/12)

[8] 科学研究費助成事業データベース、https://kaken.nii.ac.jp/ (2021/1/12)

[9] Clarivate Analytics Co. Ltd., Web of Science, https://www.webofknowledge.com (2021/1/12)

[10] SDSN Australia/Pacific, Compiled SDG Keywords, http://ap-unsdsn.org/wp-content/uploads/2017/04/Compiled-Keywords-for-SDG-Mapping_Final_17-05-10.xlsx (2020/3/31)

[11] B. Jayabalasingham, R. Boverhof, K. Agnew, L Klein, (2019) , "Identifying research supporting the United Nations Sustainable Development Goals", Mendeley Data, V1, doi: 10.17632/87txkw7khs.

Goal
1

貧困を
なくそう

災害が途上国の貧困に与える影響を新たな手法で解明し、政策に生かす！

発展途上国での災害と貧困の関連性分析

クローズアップ

解明されていない途上国の災害と貧困の関係

あらゆる場所で、あらゆる形態の貧困を終わらせることはSDGsの筆頭目標だ。かつて貧困は主に人文・社会科学領域の問題として扱われてきたが、近年は仙台防災枠組やパリ協定などで持続可能な開発と防災・減災、気候変動との重要な結びつきが示されているように、自然科学の視点も融合させながら包括的にこの問題をとらえる必要性が高まっている。

災害が貧困層などの脆弱な層に最も深刻な打撃を与えることは自明である。しかし、災害や気候変動、開発と、貧困との関連性についての包括的な学術研究はあまり行われてこなかったため、その関係性の全体構造や要素間の関連の実態はほとんどわかっていない。

頻繁に洪水の被害を受けるアジア各国においては貧困問題が深刻化していることが多い。そのため、洪水と貧困の両方の問題を解決する支援策が望まれるが、現状では貧困と洪水の実態を地区レベルで考慮した施策は少ない。

Project

多くの国や地域では、交通の便が良く水も利用しやすい川沿いの低地に住宅や工場が建てられる傾向がある。これらの土地は洪水リスクが高いこともあり、富裕層よりも貧困層が集住しやすい傾向にある。さらに住居も脆弱で、貧困層ほど洪水による経済的打撃が大きく、このような都市づくりは中長期的にみると洪水による総体的な経済的被害を拡大してしまう。しかし途上国は経済発展

仙台防災枠組2015-2030
2015年に宮城県仙台市で開かれた第3回国連防災世界会議で採択された、2030年までの国際的な防災のとりくみ指針。災害による死亡者の減少など地球規模の目標が初めて設定され、「より良い復興（Build Back Better）」などの新しい概念が提示された。

を最優先の政策課題としていることが多く、経済
優先の都市づくりを災害対策の観点から見直す余
力がない。そこで現地調査による情報収集と定量
的データ分析に基づき、洪水と貧困の関連性を明
らかにしたうえで、防災を考慮した都市計画が将
来の経済的利益につながることを示し、各国政府
や自治体の政策へと結びつけることを目的とした。

　調査研究の対象国は、洪水被害の規模や経済発
展レベルなどに違いがあるタイ、バングラデシュ、
ミャンマー、スリランカを選んだ。2011年と
2018年に洪水被害があったミャンマーのバゴー
市では、浸水深1m以上の被害があった世帯と
なかった世帯の経済状況や教育レベルについて世
帯訪問調査を実施。これらのデータを電子地図化
し、地形情報などを含めた地理空間分析により浸
水深と収入・教育レベルに有意な相関関係がある
こと、貧困層ほど被害からの回復に時間がかかり、
繰り返し洪水に襲われる地域では時間の経過とと
もに富裕層との格差が拡大することを定量的に明
らかにした。こうした分析結果からコミュニティ
の特性に応じた洪水対策やまちづくりの方策を検
討し、貧困層の生活の向上が中長期的な国の経済
社会発展につながることも合わせて定量的に示し
た。このように行政が政策を実行するためのイン
センティブを提示しながら、その実現に向けた対
話を現地政府と続けている。

プロジェクトのリーダー
川崎昭如 特任教授

所属｜工学系研究科社会基盤学専攻、未来ビジョン研究センター グローバル・コモンズ・センター
専門分野｜水循環と水関連分野のデータ・モデルの統融合、地理空間分析
研究テーマ｜水災害の社会への影響、減災を通した途上国での貧困削減

パリ協定
2015年にパリで開かれた
国連気候変動枠組条約第
21回締約国会議（COP21）
で採択された、温暖化防止
のための枠組み。21世紀
後半に温室効果ガスの排出
量を実質ゼロにする目標を
掲げ、主要参加国を含むす
べての参加国が削減目標を
5年ごとに更新することと
した。

地理空間分析
電子地図上に、位置情報を
軸として複数のデータを格
納し、それらを組み合わせ
て、その土地にひも付いた
新たな知見を得るデータ解
析手法のひとつ。

あらゆる場所で、あらゆる形態の貧困に終止符を打つ

最新工学技術×現地調査で
途上国の貧困・災害対策に貢献！

AIと衛星観測を使った途上国の貧困層の
住居地推定と準リアルタイムの洪水予測

クローズアップ

実態がわかりにくい途上国の貧困層の居住分布

途上国における貧困問題を解決するにはまず正確な状況の把握が不可欠であるが、多くの途上国では日本のような国勢調査は行われていない。また、住民登録をしていない不法移住者も多い。国や自治体が貧困層の実態を把握できておらず、貧困や災害の対策をしようにも、手の打ちようがないのが実情だ。避難所を設置したり、救援物資を配布したりする際にも、住民登録されていない市民は対象にならなかったり、治水計画や都市計画の際にこれらの貧困層の存在は無視される。国や自治体からは「見えていない」存在なのだ。

住民登録をしていないこうした貧困層の存在や、地域的な分布に関して詳細なデータを集めることが途上国の貧困問題解決の第一歩だ。衛星画像から住居の屋根の外形的情報を解析し、広域な貧困層分布を調べる研究は行われていたが、情報の精度が低く、地域ごとの具体的な政策に結びつけるには至っていないことが課題である。

Project

研究の舞台はミャンマーとニカラグアだ。先行研究では衛星画像を使って藁葺き、トタン、コンクリートといった屋根の材質や形状による貧困層住居の分類にとりくんだが、精度面で限界があった。そこで本プロジェクトでは戸別訪問による世帯調査を実施し、家族構成、職業、収入、居住年数、位置などのサンプル情報を収集。これを高解像度の衛星画像データから得られる建物の面積や

土地利用、さらには標高などの情報と組み合わせ、AI の深層学習モデルを使って解析することで、貧困層の居住地を建物レベルで把握する手法の開発にとりくんだ。将来的には世界各地での活用が期待できるが、住居の形状や面積と住民の経済状況との関連性は国や地域ごとに異なる。そのため、工学的手法だけに依存せず、文化人類学や経済学の知見も取り入れながら、学際的にアプローチしている点が本研究のポイントである。

　また同様に、気象・水文や地表面形状に関する限られた現地観測データと、衛星観測から得られる情報やグローバルで入手可能な数値標高モデルなどを統合して開発したのが準リアルタイム洪水氾濫解析システムだ。途上国では気象観測のデータが先進国のようには揃わないため、洪水を予測するには限られたデータから推計することが必要になる。

　そこで本プロジェクトでは、上述のような多様かつ大量のデータやモデルを地球環境情報プラットフォーム DIAS によって統合・解析。精度の高い洪水予測を可能にした。このとりくみは SATREPS（地球規模課題対応国際科学技術協力プログラム）として行われ、2019 年 7 月からミャンマー政府によるバゴー川流域での実運用がスタートしている。

深層学習
脳の神経回路のしくみを模した数理モデル（ニューラルネットワーク）を多層に結合し、自動学習機能を高めた機械学習の手法。画像や音声の認識のような複雑な非構造データ分野で活用されるようになった。

DIAS (Data Integration and Analysis System)
東京大学が開発したデータ統合・解析システム。地球規模及び各地の観測から得られたデータを収集・蓄積・解析し、環境問題や大規模自然災害の危機管理に資することを目的とする。学際的な協働に必要な情報基盤として世界の先進事例と評価される。

SATREPS（地球規模課題対応国際科学技術協力プログラム）
国立研究開発法人 科学技術振興機構（JST）、国立研究開発法人 日本医療研究開発機構（AMED）、独立行政法人 国際協力機構（JICA）が共同で実施する、開発途上国の研究者との3〜5年間の共同研究プログラム。ODA（政府開発援助）との連携事業。

プロジェクトのリーダー
川崎昭如 特任教授

所属｜工学系研究科社会基盤学専攻、未来ビジョン研究センター グローバル・コモンズ・センター
専門分野｜水循環と水関連分野のデータ・モデルの統融合、地理空間分析
研究テーマ｜水災害の社会への影響、減災を通した途上国での貧困削減

Goal
2

飢餓を
ゼロに

先端農学×先端工学で日本農業の高齢化・世界の食料不足を解決！

工学と農学の融合による革新的な食料生産技術の開発

クローズアップ

日本と世界が抱える農業問題

日本の農業生産における課題は少子高齢化による生産者不足だ。生産者の約7割を65歳以上が占めており、後継者もいないため、このままにしておけば、生産者・生産量は減る一方となってしまう。一方で海外に目を転じると、人口が増加を続ける地域では食料不足が深刻な課題だ。特にアフリカは乾燥地域が多く、既存の農産物・生産手法を導入しようとしてもなかなかうまくいかない。こうした日本と世界の食料問題・農業問題をまとめて解決するには、条件が悪い土地でも効率的に栽培可能で高収益が期待できる農作物の開発や、少ない人数でも広い土地で効率的に農作物をつくることができる生産技術の開発が必要となる。日本の農学が有する先端的なゲノム解析技術や育種解析技術と、ドローンや自律移動ロボット、AIといった工学分野の最先端技術を組み合わせることで、これまでにない高収益型農業を実現し、日本と世界の農業的課題に寄与したい。

Project

　本プロジェクトが注目した農作物のひとつが、栄養価が非常に高く、育成や収穫に手間がかからないピーカンナッツ。現在は米国アリゾナ州の乾燥地で地下水を使った大規模な栽培実験にとりくんでいる。効率的な生産管理として、ドローンや自律移動ロボットを使って作物の画像データ収集・分析を行い、農地全体を人の目で確認しなくても葉の色や樹木の高さから育成状況などを把握

ピーカンナッツ

北米原産のクルミ科果樹。クルミに似た食感が特徴のナッツで、主な生産国はアメリカ、メキシコ。カリウム、ナトリウム、リン、マグネシウム、鉄、ビタミンB$_1$、B$_2$、カロチンなどのビタミンやミネラルを豊富に含む。世界市場での需要が高まりつつあり、収益性の高い農業分野として注目

し、必要な箇所に集中して施肥したりできる研究も進めている。

　また、最新センシング技術によって集めた農作物の外形的な情報と、ゲノム解析によって明らかにされる内側の情報を組み合わせ、AI を使って解析することにより、よりスピーディに特定の生産地に適した系統のピーカンナッツを見つけ出すことも可能だ。現在は日本での栽培のため 1000 以上ある系統のなかから日本の気候や土地に最適な系統を調べている。日本での栽培実験を経て、将来的にはアフリカでの栽培にとりくんでいく予定だ。

　VR 技術を活用した遠隔農業も研究テーマのひとつだ。樹木を一本ずつ 3 次元計測し、VR の世界に農園を再現する。熟練者が現地にいなくても、VR 画像に基づいて現地作業者に指示を送ることができる。この技術が普及すれば、熟練した生産者が少なくても広域での農業生産が可能になるほか、日本にいる生産者が海外の農園に向けて育成や収穫の作業を指示できるようになる。遠隔農業はピーカンナッツに限らず、多様な果樹や米などに応用でき、収穫用ロボットを組み合わせれば、身体的に移動や行動に制限がある高齢者が「バーチャル果物狩り」などを楽しめるサービスも可能になる。

プロジェクトのメンバー
沖 一雄 特任教授、**巻 俊宏** 准教授

所属｜生産技術研究所
専門分野｜広域生態環境計測（沖）、海中プラットフォームシステム学（巻）
研究テーマ｜センシングによる食料生産技術への貢献（沖）、自律ロボットと海底ステーションによる次世代海底探査システム（巻）

されている。

◇**ひとことメモ**◇
ピーカンナッツによる農業再生と地方再生プロジェクト
東京大学が岩手県陸前高田市、ピーカンナッツを輸入する㈱サロンドロワイヤルとの共同で立ち上げたプロジェクト。生産技術研究所がUAV（無人航空機）やセンサネット技術を用いた効率的な栽培法を開発し、大学院農学生命科学研究科がゲノムデータをもとに国内栽培の最適品種を選定。東日本大震災で被災した陸前高田市を拠点にその復興と農業振興をめざしている。

アフリカで広がるバイオ作物生産の持続可能なあり方を考える！

アフリカのサハラ以南地域における商品作物増産による食料安全保障と生計への影響

クローズアップ

拡大するアフリカでの商品作物生産が環境に与える影響とは？

アフリカでは、サトウキビやココア、コーヒーなどの商品作物の生産が過去数十年で大幅に増加している。 それらは多くのアフリカ諸国経済の基礎となり、国内総生産（GDP）や雇用創出、貧困の緩和、エネルギー安全保障に大きく貢献している。

過去20年間で拡大した商品作物の多くはジャトロファ、サトウキビ、アブラヤシなどのバイオエネルギー原料向けで、外国資本による大規模な用地取得によるものだ。

多くの国では小規模農家が商品作物生産にかかわるようになり、広大な土地が従来の伝統的な作物からの転換を余儀なくされている。それは生態系だけでなく、生物多様性とその生息地の損失および植物の炭素貯留能力の変化に起因する気候変動、また食用農地の喪失による村の生計と食料安全保障に重要な影響を与えるだろう。そのため、持続可能な商品作物の生産・消費のあり方を考える必要がある。

Project

　本プロジェクトでは日本と欧州、アフリカに拠点を置く研究者らによる国際的な研究コンソーシアムを結成し、自然・社会科学の最新技術を用いた学際的アプローチを実施した。まずアフリカ全土の約20の調査地点で、主要な商品作物とその生産モデル（プランテーション、小規模農家スキームなど）のデータを収集・分析した。重要なのは調査設計や知識の創出、調査結果の普及の各段階で、

ジャトロファ
トウダイグサ科、中南米原産の落葉低木。その種子には毒性があり食用にはならないが脂質に富み、ロウソクや石けんなどの原料に使われてきた。降水量の少ないやせた土地でも生育し、生産性が高く、近年ではバイオディーゼル燃料の原料として注目され、世界各地で栽培が拡大している。和

調査対象国の政府、民間部門、市民社会の様々なステークホルダーとかかわったことだ。調査結果を比較すると、商品作物生産の環境・経済・社会的影響は、生産品目や生産様式、生産・消費・取引方法を管理する制度などにより大きく異なることがわかる。

　サトウキビ、アブラヤシなど大規模プランテーションで生産される商品作物は、農地だけでなく加工工場や道路などのインフラを整備するため広い土地が転換され、多くの場合で森林破壊を引き起こし、生物多様性など環境に大きな影響を与える。さらに大量の灌漑用水、肥料、農薬を必要とし、水資源の過剰利用による水不足、肥料・農薬による土壌・水の汚染が懸念される。

　社会経済的には、商品作物プランテーションは大陸の多くの農村地域で数少ない雇用機会だが、収入は不安定で、常に十分な賃金が支払われるとは限らない。一方で小規模農家に契約で商品作物を生産させるスキームは農村開発に寄与する側面はあるが、不安定な市場価格による農家のリスクを高める可能性もある。商品作物生産の持続可能性を高めるために重要なのは、国と地方の法律整備、生産者への経済的インセンティブ、地域社会への補償、そして認証基準から促進される持続可能な生産・消費といったアプローチを組み合わせることである。

プロジェクトのリーダー
Gasparatos Alexandros 准教授

所属｜未来ビジョン研究センター
専門分野｜生態経済学
研究テーマ｜バイオ燃料とバイオエネルギー

名ナンヨウアブラギリ。

調査地点
ガーナ、ケニア、マラウイ、モザンビーク、エスワティニなど多様な国の地点が含まれている。

◇**ひとことメモ**◇
アフリカにおける作物の多様性や生産システム、地域の状況を考慮すると、商品作物生産の持続可能性を劇的に改善する特効薬は見当たらない。様々な地域でその生産が行われる環境・社会経済・政治的背景をよく理解し、開発された措置が広く受け入れられ、異なる社会集団に不均衡に利益をもたらしたり、害を与えたりしないようにすることが重要だ。

AI×データ×農学で
インドに持続的な農業生産を実現！

データ科学で実現する気候変動下における
持続的作物生産支援システム

大人口をかかえるインドを脅かす
災害と不安定な農業システム

インドは人口の増加と経済成長に伴う中間層の拡大で、急激な食料需要の増大が予測されている。
一方、インドの農業生産に目を向けると、全耕地面積はアメリカに次ぐ世界2位と広大だが、その80％は半乾燥地。雨がほぼ降らない乾期には雨期に溜め込んだ地下水を利用して農業が営まれる。ところが近年の気候変動の激化で雨期ですら雨が降らず水不足になることが増えており、乾期の農業にも大きな影響を与えている。

2009〜2010年度の大干ばつでは5000万トンの穀物の減収を記録。このように安定的な農業生産が脅かされると、インド人口の50％以上を占める農民の収入を直撃することにもなる。
そのため、インドで持続可能な社会を実現するためには農業生産の安定化を図ることが喫緊の課題だ。データ科学と農学を融合した多角的なアプローチにより、農業生産システムの改善にとりくむ必要がある。

Project

インド農業が抱える課題は多数あるが、本プロジェクトではデータ科学によって解決できる可能性が高いテーマを3つピックアップした。

ひとつは、「乾期トウモロコシ作での最適灌漑（かんがい）を実現し水利用を節約するためのシステム開発」。圃場にセンサーを設置して調査したところ、現地の農家は節水の意識が低く、貴重な水を無駄遣いしている傾向が確認できた。適切な水利用のタイ

インドの人口問題
国連世界人口推計によると、現在のインドの人口は13億8000万人で中国（14億3932万人）につぐ世界第2位。だが2050年の将来人口は、インドは中国（14億240万人）を2億人以上上回る16億3920万人と推計される。

左縦書き：飢餓に終止符を打ち、食料の安定確保と栄養状態の改善を達成するとともに、持続可能な農業を推進する

ミングや量を科学的に予測できれば水の無駄遣い
を抑制できるが、インドの広大な農地のすべてに
センサーを設置するのは非現実的だ。そこで、気
象データや作物の特性から水利用のタイミング・
量を予測する方法、あるいはドローンを使って圃
場の画像データを効率的に収集し、AIで分析・予
測する方法の研究が進んでいる。

　2つめが「個別農家の課題を解決するための情
報伝達手法の開発」。これまでも作物の病気など
の一般的な情報は提供されていたが、個別の農家
の事情に応じてカスタマイズされた情報を提供で
きれば、より効率的な問題解決が可能になる。
個々の農業従事者がスマホを使ってAIの質問に
順番に答えることで適切な情報にたどりつくシス
テムの開発にとりくんでいる。

　3つめは「雨期の水稲作を対象とした節水栽培
可能な品種育成を効率的に行うためのシステム開
発」。これまでの品種改良は実際に作物を栽培す
るため時間を要したが、AIで作物の遺伝情報か
ら節水性、収量などを予測し、その期間を大幅短
縮するシステムを開発中だ。

　一連のプロジェクトはインドの複数の大学と共
同で実施する。インドの大学はITに関してすで
に優れた研究開発能力をもっており、これを農業
領域に応用する力を高めることも狙いのひとつだ。

**2009～2010年度の大干
ばつ**
2009年の雨期（夏）、イン
ドは平年を23％も下回る、
1973年以来最悪の降水量
不足となった。その結果、
全28州のうち14州が干
ばつ被害に見舞われ、約
5000万トンの減収となっ
た。この減収量は世界の穀
物貿易の20％に相当する。
日本の水稲生産が年間
800万トン弱ということ
からも、その規模の大きさ
がわかる。

プロジェクトのリーダー
二宮正士 特任教授

所属 ｜ 農学生命科学研究科 フィールドフェノミクス研究拠点形成担当
専門分野 ｜ 農業情報工学、遺伝育種学
研究テーマ ｜ 持続的農業のための人工知能による意志決定支援など

Goal
3

すべての人に
健康と福祉を

あらゆる年齢のすべての人々の健康的な生活を確保し、福祉を増進する

MaaS（マース）の活用などから
「未来のモビリティ社会」を考える！

交通・観光政策研究ユニット (T TPU)
(Transport and Tourism Policy Research Unit)

クローズアップ

少子高齢化社会の交通インフラ維持に
期待されるしくみMaaSとは？

トヨタ自動車は2018年、「モビリティ・カンパニー」になることを宣言した。その背景には、電動（EV）化や自動運転の実装、ICT（情報通信技術）との融合など急速な技術革新により、これまで移動手段でしかなかった自動車が、まったく新しい使われ方をするようになってきたという現状がある。一方、少子高齢化・人口減少などで地域交通の維持が難しくなるなか、ICTを活用したMaaS（マース）という新しいとりくみが注目される。目的地まで使用する複数の交通機関をスマートフォン上で一括して決済までできるしくみで、これにより公共交通機関が利用しやすくなるというメリットがある。フィンランドで初めて導入を試みたところ、公共交通機関の利用が約4割増えたという報告も。MaaSが広く活用されれば、地域の交通が利用しやすくなり、コストも下げられる。地域交通にとっての救世主となりうるのではないかと期待される。

Project

　プロジェクト発足当初は航空分野を中心にした国際交通政策を、2016年からは地域交通政策までを、2019年からは観光政策へと研究範囲を拡充しながら、実務を中心にした交通観光分野に関する教育・研究と人材育成を行っている。

　具体的には、関係省庁の官僚や現場で活躍する企業の経営者、地域交通で実務にあたっている人々を講師に招き、さまざまな政策課題や事例を

MaaS（マース）
Mobility as a Serviceの略語。
ICTを活用して交通をクラウド化し、公共交通か否か、またその運営主体にかかわらず、マイカー以外のすべての交通手段によるモビリティ（移動）をひとつのサービスとしてとらえ、シームレスにつなぐ新たな「移動」の概念である。利用者

紹介してもらいながら学生たちとディスカッションを行い、課題に対する政策・対応についての議論や理解を深めている。ときには現場にも足を運び、体感とともに学ぶことも取り入れている。

　世界では経済のグローバル化やアジア諸国の発展、国際政治の複雑化などが進む一方、日本国内では人口減少や急激な高齢化の進行などの課題を抱える。それらを踏まえて、日本で暮らす人たちの持続可能な成長と豊かな生活を確保するために、国際交通政策および地域交通はどうあるべきかを大きな課題としている。

　国際交通政策の例としては、イギリスで日本製の新幹線車両が採用された日立製作所のとりくみが挙げられる。国土の狭い日本では限界もあるが、世界に目を向ければまだまだ大きな市場があり、車両だけでなく安全な運行システムをも含めた、海外での鉄道インフラ展開などが期待される。日本の国際競争力を強化していく意味で、優れた日本の交通技術・システムを海外へ展開していくための政策のあり方が重要だ。

　日本国内の課題としては、都市部・地方部ともに地域交通は厳しい状況に置かれており、地域の実情をふまえつつ、MaaSの導入や自動運転技術の活用など、新しいモビリティ社会の構築が急務である。

はスマートフォンのアプリを用いて、交通手段やルートを検索、利用し、運賃等の決済を行う例が多い。

モビリティ
「移動」を意味する言葉。交通分野では、動きやすさや流動性などの意を含んだ交通や移動に関して使われている。

プロジェクトのメンバー
大橋 弘 教授、**宿利正史** 客員教授、**佐藤善信** 客員教授、**長谷知治** 特任教授、**乾 有貴** 特任准教授

所属｜公共政策学連携研究部
研究テーマ｜交通政策、観光政策に係る研究

あらゆる年齢のすべての人々の健康的な生活を確保し、福祉を増進する

東日本大震災の教訓から障害のある人や少数者を包摂するしくみを世界へ！

災害時の心理社会的支援と精神障害者の権利保護プロジェクト

クローズアップ

災害・紛争などの人道的危機で取り残される「周辺化された人々」

2011年の東日本大震災において、障害がある人の死亡率が、住民全体のそれよりも2～4倍高かったという報告がある。

避難経路のバリアのために逃げ遅れたり、情報のアクセシビリティ（利用しやすさ）に問題があり警報自体が届かなかったなど、様々な要因が考えられる。避難先でも、差別をされたり、薬や呼吸器などへのアクセスがなかったり、避難所で受け入れてもらえないなどの困難がある。

「周辺化された人々」は、災害や紛争などの人道的危機に際し、より苦しい状況に追い込まれ、救援から取り残されてしまいがちである。また、そのような緊急事態下では障害者の状況をめぐる正確な統計が取れないことが多いため、東日本大震災における経験を世界に生かしていく意義は大きい。

当事者の意見を今後の対策に反映していくことが、SDGsのめざす「誰一人取り残さない世界」の実現には不可欠である。

Project

SDGsが目標とする「誰一人取り残さない社会」を実現するために、本プロジェクトでは災害時において、特に取り残されがちな精神障害や知的障害のある人たちの状況を明らかにし、そのニーズや意見を政策などの意思決定やモニタリングに反映していくことをめざす。その際、基本的な人権と精神的ウェルビーイング（良好な状態）が守られていることを指標とする。

周辺化された人々
少数者やマイノリティーなどといわれるグループに属する人たちなど、社会的障壁に直面させられる、子ども、女性、若者、障害者、高齢者、移民、難民、先住民、LGBTなどを含む。

災害時の精神保健・心理社会的支援として大切にすべきは、まず安心・安全を確保すること。そして、その人の文化的な背景を尊重し、尊厳を守ること。また、誰もが差別されることなく害のない支援を公平に受けられる権利を守ること、である。その具体的な支援方法として、心理的応急処置 (PFA) のガイドラインを世界保健機関 (WHO) が作成している。本プロジェクトではそれをタイ語・フィリピン語などへ翻訳したり、eラーニングとしてオンラインで学べるトレーニングツールの開発を行うなどして途上国を支援している。

また、障害がある人たちのアクセシビリティをどう高めるかという観点から、学生たちが中心となって「EMPOWER Project」を立ち上げ、「マゼンタ・スター」というマークを考案した。日本で使われているマタニティーマークやヘルプマークは、支援を必要とする人がマークをつけるものだが、マゼンタ・スターはその逆の発想で、協力したいと思う人がこのマークをつけて意思表示をする。マークの名称にあるマゼンタ (赤紫色) は、SDGs のゴール 10「人や国の不平等をなくす」ロゴの色からとられた。また、誰もが身につけたいと思える、世界のどの文化圏でも受け入れられるデザインを考慮した結果、世界の国旗に最も多用されている「星」のモチーフを採用した。

精神保健・心理社会的支援
Mental Health and Psychosocial Support の訳語。心理社会的ウェルビーイングを守り、これを促進し、または精神疾患を予防・治療することを目的とするあらゆる種類のコミュニティ内、そして外部からの支援を表す用語（「災害・紛争等緊急時における精神保健・心理社会的支援に関するIASCガイドライン」より）

心理的応急処置 (PFA)
Psychological First Aid の略。深刻な危機的出来事に見舞われた人に対して行う、人道的、支持的、かつ実際的な支援のこと。

学生たちが考案した「マゼンタ・スター」マーク

プロジェクトのリーダー
井筒 節 准教授

所属｜総合文化研究科教養教育高度化機構国際連携部門
専門分野｜国際精神保健、人権政策
研究テーマ｜発展途上国の周辺化されがちな人々の精神的なウェルビーイングと文化のつながり

多分野の知を結集して
複雑で多様な「こころ」を解明する！

こころの進化発達社会科学

クローズアップ

動物にも「こころ」がある？
人間中心主義を超えた環境保全の必要性

動物行動学の立場からは、ヒトは動物として生まれ、次第に社会化していく存在であると考える。言語・文化を獲得してヒトに至った進化の過程もふまえ、人類がこの現代社会にどう適応していくのかという視点から、人間のこころを知るために、動物たちのこころのあり方について調べている。これまでの研究で、うれしい、悲しいなどの情動が、動物にも存在することが明らかになっている。ラット（ネズミ）がうれしい声を出す

と周りにいるラットもうれしい気分になり、悲しい声を出すと悲しい気分になる。また、ラットは箱に閉じ込められている他のラットをドアを開けて助けるなど社会的行動をとることもわかってきた。動物たちの世界にも、豊かなこころの世界が存在する。人類は、従来のように自然環境・動物を利用し続け、その保全も人類の利益のみを追求するあり方でよいのか。こうした視点から、より持続性のある地球を考えていく必要がある。

Project

　長年、こころの起源を研究してきた私たちが挑む本プロジェクトは、医学・文学・工学・生物学など多分野にわたる本学の研究者が参画する、いわばこころの統合的研究である。こころの問題を心理学・精神医学などの従来分野だけで閉じてしまうのではなく、多様な分野を取り入れて解決することをめざす。例えば、MRI で計測した脳機能データを数理工学的な分析により医学的判断に

こころの起源

私たちの研究室では、「こころはなぜ生まれたのか」を解明することを究極の目標としている。そのため、こころとは他者とのコミュニケーションを通じて相手の行動を予測するようになったことからまず他者にこころを仮定するようになり、それを可能にする心的機構を自らの行動に当てはめた

つなげる。人間のこころの相互作用をゲーム理論から分析する。発達過程で変化するこころのパラメータを探る。こころの状態と神経細胞の活動や遺伝子発現の関係を計測する。等々の方法が模索されている。

　動物として生まれた人間が社会に適応していく過程で、脳機能や行動がどう変化していくのか、またそれに適応できなくなると脳や行動にどんな問題が生じ、その状態にある人たちをどうしたら救えるのかといった視点からも、こころの問題をとらえていこうとしている。

　私たちはこのたびのコロナ禍に直面したことで、大きな変化を経験した。人と直接会わない生活を強いられ、それに適応しながらも、次第に「コロナ疲れ」などの問題が生じるようになった。多くの人が、自分たちは思ったより、さびしがりやな生物だということを認識したのではないだろうか。

　ICT（情報通信技術）の発達で、インターネットを介して視覚・聴覚的に人と対面できるようになったが、それは直に人と接することと、こころにどのような違いを生み出しているのか。また、人工知能がこころを持つとしてそれがどのようなこころなのか、そしてそれが人間とどう共存していくべきなのか。これらの問題も私たちが考えるべき重要な課題である。

結果、自身のこころが生じたのではないかとする、いわば「こころはコミュニケーションから生まれた」という仮説を立て、動物を研究対象とした実証を行っている。たとえば、言語はこころの重要な要素だが、ジュウシマツのような小鳥のさえずり（歌）とヒトの言語には、規則的な音声の配列という共通点がある。どちらも発声学習によって獲得されるので、小鳥の発声学習に脳がどう機能しているのかを解明しようとしている。

こころの統合的研究
本学が豊富に有するこころの理解にかかわる研究者を結集し、国際的拠点をめざす「東京大学こころの多様性と適応の統合的研究機構」（2015年設立）や「人間行動科学研究拠点」、学際的な人材育成をめざす部局横断型プログラム「こころの総合人間科学教育プログラム」などの教育・研究機構を有機的に統合し、「こころの科学」を進めている。

MRI
人体に電磁波を当て、核磁気共鳴と呼ばれる現象を計測し、コンピュータ処理する。人体の複雑な構造や、血液中の酸化ヘモグロビンの動向などを画像化することができる。

プロジェクトのリーダー
岡ノ谷 一夫 教授

所属 | 総合文化研究科広域科学専攻生命環境科学系認知行動科学講座
専門分野 | 認知科学、動物行動学
研究テーマ | 言語起源論、情動進化、動物コミュニケーション

あらゆる年齢のすべての人々の健康的な生活を確保し、福祉を増進する

コロナで変化した働き方にも対応 働く人の「こころの健康」をサポート！

労働者のこころの健康を守り、 生産的で活気ある職場をつくる

クローズアップ

増加する働く人のメンタルヘルス不調

経済の構造が変化していくなか、2005年頃から日本の多くの企業でメンタルヘルス不調を訴える労働者の割合が急激に増加した。労働者のこころの健康に対してメンタルヘルス不調を未然に防止する一次予防の重要性が高まってきた。厚生労働省も2015年にストレスチェック制度を施行するなど対策を進めている。

メンタルヘルス不調の要因として、企業の経営方針や企業風土、人材育成の方法などが大きな影響を与えることもわかってきた。従業員のこころの健康は、企業の経営そのものを左右するものである。事業者がより積極的に取り組むべき重要な課題として認識されるようになり、様々な対策がとられるようになってきた。

Project

　このプロジェクトではまず、労働者のメンタルヘルス不調の発症にどんな要因が関連しているのかを知るため、さまざまな調査研究を行った。これにより、うつ病の発症について従来から指摘されてきた仕事の負担の大きさなどの職場のストレス要因に加えて、労働者のワーク・エンゲイジメントや職場のソーシャル・キャピタル（チームの一体感）の低さなどが、労働者のうつ病発症のリスクを高める可能性が明らかとなった。また、「仕事のストレス判定図」という方法を開発した。職場の従業員の回答を集め、平均値を計算すること

メンタルヘルス不調
精神障害や自殺に限らず、ストレスや強い悩み、不安など、労働者の心身の健康、社会生活および生活の質に影響を与える可能性のある精神的および行動上の問題を幅広く含む。

で、全国平均と比べて職場のストレス度がわかるもので、厚生労働省のストレスチェック制度における職場改善の方法論のひとつとして取り入れられている。

また、ストレスを予防するための様々な対策についての効果評価研究も行っている。代表的なものに、「インターネット認知行動療法 (iCBT)」に関するプログラム開発がある。これは、認知行動療法という心理学の理論に基づいて行うもので、e ラーニングという方法でインターネットを利用し、バランスのとれた柔軟な思考を身につける技術を学べるプログラムだ。このプログラムはベトナム語に訳され、同国の医療現場で働く看護師たちのストレス改善にも効果を発揮しており、今後アジアを中心とした他国での応用も視野に入れている。近年は、従業員にやりがいをもっていきいきと働いてほしいという企業側のニーズが高まっているため、働く人のポジティブメンタルヘルスに注目した、ワーク・エンゲイジメントを高めるプログラム開発にもとりくんでいる。

さらに 2020 年からのコロナ禍でも、テレワーク労働者のこころの健康をサポートする「いまここケア」ウェブサイトの開設、未就学児をもつ働く母親のメンタルヘルスをサポートするウェブプログラム「ハピネスマム」の開発など、労働者のウェル・ビーイング向上に力を入れている。

プロジェクトのメンバー
川上憲人 教授、**今村 幸太郎** 特任講師

所属 | 医学系研究科公共健康医学専攻行動社会医学講座
専門分野 | 精神保健学
研究テーマ | 職場のメンタルヘルス

ワーク・エンゲイジメント
仕事に関連するポジティブで充実した心理状態。「仕事から活力を得ていきいきとしている」(活力)、「仕事に誇りとやりがいを感じている」(熱意)、「仕事に熱心にとりくんでいる」(没頭)の3つがそろった状態をさす。

認知行動療法
ものの考え方や受け取り方といった人間の認知に働きかけることで、心のバランスを回復させる精神 (心理)療法のひとつ。

働く人のポジティブメンタルヘルス
従業員のポジティブな心理状態を高め、健康増進と生産性の向上の両立をはかるとりくみ。企業の人事労務管理や職場のマネジメントのあり方にも関わる。

ウェル・ビーイング
(well-being)
個人の権利や自己実現が保障され、身体的、精神的、社会的に良好な状態にあることを意味する概念。

あらゆる年齢のすべての人々の健康的な生活を確保し、福祉を増進する

国際的な大規模調査から
日本と世界の「こころの健康」に貢献！

日本人のこころの健康を明らかにし、
世界とともに対策を考える

クローズアップ

世界規模の「こころの健康」疫学調査
世界精神保健調査とは？

WHO（世界保健機関）と米ハーバード大学医学部が進める国際共同研究プロジェクト「世界精神保健調査」（WMHS）は、世界28カ国の研究者が参加し、地域住民を対象に同一の調査法を使用する世界最大の「こころの健康」の疫学調査である。これに参画し、2002年～06年にかけて行ったWMH日本調査では全国で4000人以上をサンプルに、精神障害の頻度や受診行動などについて面接調査を実施。これまで病院を受診した人

の調査だけでは把握できなかった、日本のこころの健康の実態が明らかとなった。

この調査から10年後の2013年～15年、「WMH日本調査セカンド」として同様の面接調査を実施し、先の調査から10年後の人々の追跡調査も行った。さらに10年後の2023年頃にも調査を予定しており、コロナ禍がこころの健康に与える影響などが明らかになるのではと期待される。

Project

うつ病や不安障害、アルコール依存症などの精神的な病気にかかっている人が、日本にはどのくらいいるのか――。1950年代に厚生省（当時）が全国調査を行って以来、その実態はわからないままだった。

本プロジェクトでは、「世界精神保健（WMH）日本調査」および、「世界精神保健日本調査セカンド」として全国調査を行うことで、おもな精神

世界精神保健調査（WMHS）
世界精神保健調査や同日本調査からは多くの研究成果が公表されている。痛みを伴う病気や循環器疾患がこころの健康と関係することなどがわかり、こころの病気が生活に与える影響をランキングする大規模な世界の疾病負担研究にもこれらの基礎データが貢献している。WMHSにより世界的

疾患の罹患数や受診率、自殺や薬物乱用との関連、引きこもりの頻度など、それまでわからなかった日本人のこころの健康の実態について明らかにし、予防や対策に役立てる。

　また、国際共同研究により世界と比較することで、新たな知見や国ごとの違いも明らかになっている。例えば、日本人の精神疾患の発症頻度は、アメリカやオーストラリア、ヨーロッパのいくつかの国々と比べると、半分以下とかなり低い。一方で、重症度の高い精神疾患の受診率が世界平均と比べて半分程度とかなり低い、という課題があることがわかった。その対策を考えるうえで、世界の研究者たちとともに広い視点で議論し、他国での事例を参考にするなど、世界とともに研究するメリットは大きい。さらに、国際調査全体ではサンプル数が約20万人にも上ることから、幼少期のトラウマ体験が大人になってどんな影響を及ぼすかなど、こころの健康に関する詳細な分析などもできるようになった。

　さらに、「世界精神保健日本調査セカンド」の関連研究として、東日本大震災後の仮設住宅に住む人たちのこころの健康についても調査・研究に発展させた。震災をきっかけに精神疾患を発症した人の回復が遅い実態が明らかとなり、長期的な見守りの必要性を指摘するなどの支援に結びついている。

プロジェクトのメンバー
川上憲人 教授、**西 大輔** 准教授

所属｜医学系研究科公共健康医学専攻行動社会医学講座
専門分野｜精神保健学
研究テーマ｜地域の精神保健疫学

な規模での精神保健の実態が初めてわかり、精神保健の学術基盤を塗り替えたといえるほどのインパクトをもたらしている。

トラウマ

強烈なショック体験、強い精神的ストレスによって、こころに受ける心的外傷のこと。震災などの自然災害や火事、事故、暴力や犯罪被害などがおもな原因として考えられる。その傷が癒えないまま後遺症として残ることを「PTSD（心的外傷後ストレス障害）」と呼ぶ。

気候変動による健康被害を世界で使えるデータベースに！

東南アジアにおける環境と健康のデータベース構築

クローズアップ

気候変動がもたらす健康関連リスクとは？

都市の気象環境が変化することで、健康への被害が高まることが想定される。本研究では、①熱中症や睡眠障害など暑熱に関する健康障害、②下痢症、皮膚病、眼病などの水系感染症、③デング熱やジカ熱などといったベクター感染症の3つに着目する。

暑熱障害に関しては、温暖化による熱中症で命を落とす人がいる一方、日本では冬に低温で亡くなる人が少なくなり、一年を通してみると、温暖化を原因とする死者は少なくなる。水を媒介とする水系感染症では、特に洪水であふれた水に含まれている病原微生物がどうやって人間に感染していくかを研究している。水は川だけでなく下水からも地上にあふれ、糞便（ふんべん）に由来する感染症もある。

「ベクター」とは「何かを運ぶもの」の意味で、蚊やゴキブリなどを媒介とする感染症のことである。日本でも2015年に蚊が媒介するデング熱で東京・代々木公園が封鎖されたことがあった。

Project

気候変動が起きたとき、社会がどう対応するのかを考えるのがこのプロジェクトで、適切な対応策を講じるためには、科学的なデータに基づいて健康への被害を評価し、予測する必要がある。特に途上国の都市では健康リスクが高まることが懸念され、本研究では親日的な国が多い東南アジアを研究の対象としている。現在の東京は、温暖化により3、4度気温が上昇すると、東南アジアの

緑の気候基金（GCF）
(Green Climate Fund)
開発途上国の温室効果ガス削減（緩和）と気候変動の影響への対処（適応）を支援するため、気候変動に関する国際連合枠組条約に基づく資金供与の制度の運営を委託された基金。2015年、日本が拠出を確定したことにより、活動開始に必要な資金が集まったとみなされ

気候により近づいていくと考えられ
る。

　気候変動によって生じる洪水やベ
クター蚊などのデータを収集するこ
とによって、今後、このまま放置す
るとどれだけの健康被害や経済的損
害が出るかを計算し、使いやすい
データベース化をめざす。例えば、

東南アジアでの現地調査の様子

デング熱を媒介するネッタイシマカが発生し続け
ると経済的被害はいくらになるのか。ネッタイシ
マカは廃タイヤや捨てられた便器の中で発生する
ので、そうした水たまりに留まることがないよう
に緑地や下水を整備することによって、損失を防
ぐことができる。

　そうした整備の原資として、緑の気候基金
(GCF) や地球環境ファシリティ (GEF) といった基
金・制度から資金提供を受ける場合、審査は非常
に厳密だ。堤防を建てる際、気候変動によって1
mの予定が1.5mとなれば、その高くなった部
分について気候変動の影響を個別に算出できるよ
うにしなければならないため、そういった点も留
意している。

　現在、インドネシアの三つの州では、私たちの
データを基にした健康対策を含めた気候変動対策
を行政の中期計画に組み込んでいる。

たため、活動を開始した
（外務省HPより）。

地球環境ファシリティ(GEF)
(Global Environment Facility)
開発途上国で行う地球環境
保全のためのプロジェクト
に対して、主として無償資
金を供する国際的資金メカ
ニズム。国内の環境保全で
なく地球環境保全を目的と
し、事業費用のうち、国内
への効果を越え、地球環境
に益する内容にかかる追加
的費用を供与する。対象は
気候変動や生物多様性など
6分野（環境省HPより）。

プロジェクトのリーダー
福士謙介 教授

所属｜未来ビジョン研究センター
専門分野｜環境工学、サステイナビリティ学
研究テーマ｜気候変動下の途上国都市における健康リスク解析に関する研究

iPS細胞を使って、より有効で安全な創薬にチャレンジ！

iPS細胞由来分化細胞を用いた薬理評価構築と創薬応用

クローズアップ

創薬におけるiPS細胞の可能性

かつてはヒト細胞を入手するのが困難で、特に日本では欧米のように移植の際にドナーから採取することも難しかった。しかしiPS細胞が開発されてからは、その状況が劇的に変化している。動物試験では予測できなかった有効性や副作用を、正しく予測・評価できると考えられるため、iPS細胞を使った創薬が進められている。

動物試験ではアプローチ方法のなかった希少疾患や難病についても、患者から入手したヒト細胞をiPS化した後に分化させることで、ターゲットとなる細胞をつくることができるため、今までにない治療法や薬剤の開発も可能になると考えられている。

Project

　これまで医薬品は、動物試験を主体に開発されてきた。今後さらに、有効性・安全性に優れた新規薬剤を開発するためには、臨床試験での成功確率を上昇させ、人体への影響を正しく予測することが必要となる。そこで、ヒトiPS細胞を用いた薬理評価に期待が高まっている。

　実際には、iPS細胞から分化した、iPS由来分化細胞を試験管内で1〜3ヵ月かけて成熟させたものを用いる。しかし、2017年に講座を立ち上げた当初は、同じ条件で育成させたつもりでも、毎回異なる性質が出現するなど精度の高い薬理評

iPS細胞 (induced pluripotent stem cell)

人工多能性幹細胞、つまり受精卵のように分化・分裂が可能な、"初期化された"細胞。2006年に世界で初めてマウス体細胞を、2007年にヒト体細胞を用いて樹立に成功した。培養の条件や薬剤を変えることにより、心臓や神経など、多様な細胞に分化することが可能。開発した山中伸弥教授は、2012年にノーベル医学・生理学賞を受賞している。

価の実施が難しかった。そのため、創薬でしっかりと使え、臨床予測ができるよう改良していくにあたり、新しい評価系をつくる必要があると考え、このプロジェクトの活動を開始した。

　薬の有効性については、病気は多種多様なため必ずしも評価系を統一することはできない。しかし、副作用については、どんな薬であっても同じような評価体系が利用できる。動物試験ではなくiPS細胞を使って安定した精度の高い評価体制が実現すれば、レギュラトリーサイエンスの立場からも創薬へのサポートとなりえる。そのためには、再現性と外挿性の高さがポイントとなる。この2点をしっかり見極めながら、新しい評価系をつくりたい。評価に使用する測定機器およびデバイス、細胞培養の足場材や培養液などの改良、開発については企業とも協働して進めている。

　またiPS細胞を用いる技術や知識についての教育や普及も推進している。すでに創薬や薬剤の評価に携わっている専門家が主な対象だが、今後はまだあまり浸透していない大学薬学部の学生にも広げることが課題となる。

　iPS細胞を用いた薬理評価は、未だ動物試験に比べて精度が高いとはいえない段階で、やっとレギュレーションで使ってもいいというレベルだ。これからさらに検証は進むと考えられ、様々な可能性が広がるだろう。

プロジェクトのメンバー
澤田光平 客員教授、**関野祐子** 特任教授

所属｜薬学系研究科化学物質安全性評価システム構築社会連携講座・ヒト細胞創薬学寄付講座
専門分野｜安全性薬理（澤田）　薬理学、レギュラトリーサイエンス（関野）
研究テーマ｜iPS由来分化細胞、薬理評価（澤田）　神経細胞分化、認知症の診断薬・治療薬開発（関野）

レギュラトリーサイエンス
医薬品や医療機器等の許認可申請に対して、その有効性や安全性についての内容が事実であるかどうか、評価する方法が科学的に正しいかどうか、審査に利用できるかどうかを研究、証明する分野。

外挿性
動物試験やiPS細胞試験で起きたことが、人体の中でも同じように起きると予測できるかどうかを示す。

あらゆる年齢のすべての人々の健康的な生活を確保し、福祉を増進する

神経変性疾患(アルツハイマー病など)の革新的治療薬を開発する！

革新的脳神経疾患治療薬の創成を目指した創薬研究

クローズアップ

神経変性疾患のメカニズムとは？

アルツハイマー病やパーキンソン病などの神経変性疾患は、脳内に溜まった異常なタンパク質などの"ゴミ"が、神経細胞を破壊することで発症すると考えられている。人間の脳には、誕生した瞬間から"ゴミ"が生成されているが、同時にそれを排除する機能をもつ。加齢などの理由でその機能が落ちると、いわば「掃除が行き届かな

く」なり、神経細胞が影響を受け、記憶障害や運動機能障害などの症状が発症する。
アルツハイマー病においては、アミロイドβやタウと呼ばれるタンパク質、パーキンソン病ではシヌクレインやLRRK2と呼ばれるタンパク質が病気にかかわっているということが、明らかになっている。

Project

　アルツハイマー病やパーキンソン病などの神経疾患について、どのように体や脳に変化が起きて病気になるか、分子・細胞病態レベルで長年研究を行ってきた。その基礎研究の結果をさらに進め、創薬および臨床につなげる橋渡しをするため、約４年前から医薬品メーカー（バイオジェン・ジャパン社）と共同研究している。同社がこれまでに培った様々な知見や技術と協力態勢を組み、私たちの基礎研究の成果を創薬に向け、実現化するのがこのプロジェクトの主な目的だ。
　特に、これまで着手されてこなかった対象にも

アミロイドβ
アルツハイマー病の発症に関与すると考えられているタンパク質の一種。脳内のアミロイド前駆体タンパク質（APP）が異常な切断を受けて産出されたもので、これが増えると神経細胞の欠落などの悪影響を引き起こす。

スポットを当て、革新的な創薬をめざして積極的にとりくんでいる。例えばアルツハイマー病は、10〜20年といった長期にわたる慢性的な疾患であることが明らかになってきている。症状が出たときには、体内ではすでに異常が進行しており、止めることが難しい。そうした慢性的な疾患に対して、どのようにアプローチするかは研究が始まったところだ。慢性化する以前の、早期発見に役立つバイオマーカーを探索している。脳内を可視化するイメージング技術や、脳脊髄液の詳細な検査などで徐々に判明できるようになっているが、血液検査のような、より簡易で広く浸透する方法の開発をめざしている。

　もうひとつは、これまで創薬の世界では対処が難しいとされてきた、細胞内小胞輸送についても注目している。特にパーキンソン病の発症にその異常が大きくかかわっていると見られているので、新しい創薬の種を見つけるべく研究を進めている。このように、基礎生物研究を積み重ねてきた強みをもとに、これまでの創薬研究ではあまりとりくまれていなかったことを進め、新しい治療・診断薬を開発していきたい。

バイオマーカー
(Biomarker)
FDA（米国食品医薬品局）は「正常なプロセスや病的プロセス、あるいは治療に対する薬理学的な反応の指標として客観的に測定・評価される項目」と定義。生体内の情報を数値化・定量化した指標であり、生活習慣病の指標として知られる血糖値やコレステロール値などは代表的なバイオマーカーである。罹患後の治療効果や薬の副作用を測定するだけでなく、疾患を予防するための指標としても応用が期待されている。（日本薬学会HPより）

細胞内小胞輸送
細胞内のオルガネラ（細胞小器官）同士や細胞膜とオルガネラの間で、小胞（膜）を介してタンパク質などの輸送や、細胞外へ分泌性因子の放出を行う細胞内物質輸送のネットワーク。

プロジェクトのメンバー
富田泰輔 教授、**伊藤弦太** 特任講師

所属｜薬学系研究科薬学専攻脳神経疾患治療学社会連携講座
専門分野｜病態生化学
研究テーマ｜アルツハイマー病、パーキンソン病

途上国の人々を苦しめる熱帯病を ワンヘルス^{（生物界全体の健康）}的に制御！

NTDs 対策に向けたOne Health的展開

クローズアップ

NTDs (Neglected Tropical Diseases : 顧みられない熱帯病) とは

WHO（世界保健機関）が定めている「顧みられない熱帯病（NTDs）」は、ほとんどが寄生虫、細菌、ウイルス等による感染症であり、現時点で約20疾病が挙げられている。主に開発途上の国々約150カ国に暮らす、10億人以上の人々に蔓延し、重大な健康被害をもたらしている。

病原微生物が人に感染するまでに、家畜動物や昆虫など多様な生物が介在する特徴をもつ。十分な衛生施設がなく、感染症を媒介する動物と密接に接触している人々が最も影響を受けており、貧困の象徴となっている。

Project

　NTDs の多くを占める人獣共通感染症は、感染源を体内にもつ動物（リザーバー）や媒介昆虫（ベクター）を通じて人へ感染するため、発症者の治療や感染予防だけでは不十分である。個人の健康を守る医療技術の向上だけでは制御できない。

　かかわる動物、昆虫、生活環境などをトータルに捉え、生物界全体の健康を考える「ワンヘルス」の視点で、様々な専門的知識を集結させ、病気をコントロールする必要がある。病原微生物の伝播サイクルを解明し、早期警戒システムの構築や、ベクター・リザーバーを制御する技術の開発をめざして、チームとして研究開発を進めている。

ベクター・リザーバー制御

ベクターは何かを運ぶ物であり、蚊やゴキブリなど、病気を運ぶ節足動物を指す。リザーバーは、体内に病原体を持つ、感染している動物であり、人の病気の供給源となる。動物（リザーバー）の血を吸った昆虫（ベクター）が、人の血を吸うと媒介昆虫を介して人に病原体が移る。ベクターとリザーバー、片方の対策だけでは不十分で、両者の制御が必要である。

例えばリーシュマニア症は、真核生物である原虫を原因とするためワクチン開発が困難な感染症のひとつだ。高度蔓延地域であるバングラデシュでのワンヘルスアプローチとしては、昆虫の調査、病原体・発症メカニズムの研究、家畜動物の調査や健康管理・疾患の防御にとりくみ、現地スタッフの育成、蔓延地域内の

リーシュマニア症を媒介するサシチョウバエ捕獲調査の様子 (バングラデシュ)

病院の整備のほか、実装可能で持続可能な、地域住民に受け入れられる対策を考えるために、住民への聞き取り調査を行った。すると、感染ルートや原因などが正しく認知されていないことがわかり、地域住民に「健康を維持する」ための教育や知識を共有する活動を広めている。

　地球温暖化の影響もあり、リーシュマニア症の発症地域は北上している。環境破壊が進み、以前なら人との距離が保たれていた動物が、生活圏に現れる事態が多数発生している。昆虫・生物が媒介する病気は環境変化によって影響を受けやすいため、気温が数度ずつ上昇した場合や台風や洪水などの大きな気候災害などによって、生態がどう変化するか、シミュレーションを行っている。そうした環境変化によって、感染率や感染エリアがどう変化し、病気はどう広がるか、早期に警戒できるシステムの構築も今後の課題である。

リーシュマニア症

節足動物媒介性感染症のひとつ。目には見えない小さなリーシュマニア原虫に感染した動物が保虫宿主となり、媒介昆虫であるサシチョウバエ (2〜3ミリの小さな昆虫) によって人に感染する。動物は無発症の場合がほとんどだが、人が感染すると皮膚に潰瘍を形成したり、内臓で原虫が増殖して治療しなければ死に至る。毎年、世界約100カ国で2〜3万人が死亡、新規患者数は90万〜130万人と推定されている。

プロジェクトのリーダー
三條場 千寿 助教

所属｜農学生命科学研究科応用動物科学専攻高次生体制御学講座
専門分野｜寄生虫学
研究テーマ｜リーシュマニア症および媒介昆虫に関する研究

質の高い教育を
みんなに

三浦の海で真珠養殖を復活し
海洋教育と革新的な産業創出に貢献！

三浦真珠プロジェクトを活用する環境保全と地方創生

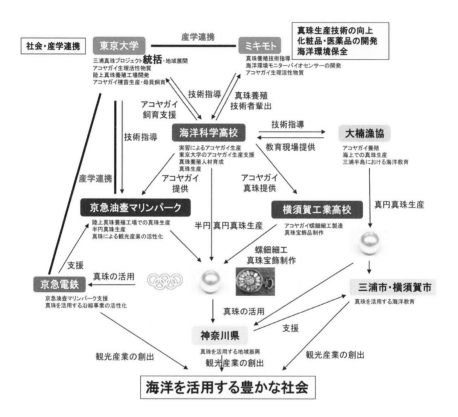

Project

　三浦市や真珠メーカーのミキモトなどと協力し
て進めている「三浦真珠プロジェクト」は、明治
時代に三浦市で行われていた真珠養殖を復活させ、
海洋教育や地域の活性化に生かすとりくみだ。

三崎臨海実験所の初代所長であった箕作佳吉教授は御木本真珠店（現・ミキモト）創業者の御木本幸吉に「真珠養殖」を助言。1900年代初頭には油壺でも養殖が行われたが、定着しなかった。

　2013年にはじまった本プロジェクトでは産官学の連携で養殖復活にとりくみ、地元小学校でも「三浦真珠」を題材とした授業が行われている。現在は実験所内での生産に力を入れ、神奈川県立海洋科学高校の生徒にアコヤガイの育成と真珠養殖実習の場を提供、養殖技術を継承している。生産された真珠を螺鈿細工に活用するとりくみも神奈川県立横須賀工業高等学校で行われている。

　あらたに竣工した三崎臨海実験所教育棟は豊かな生態系を育む三崎周辺の海に親しめる展示室を備え、その一角に本プロジェクトに関連する展示コーナーが設けられた。また、水槽室にはアコヤガイスペースもある。新教育棟の完成披露記念式典では、同実験所で収穫された養殖真珠を横須賀工業高校の生徒が加工した真珠タイピンが記念品として来賓に贈呈された。今後はさらに地域との連携を深め、世界でも類をみない豊かな生物相を有するこの地から、革新的な産業を創出する「海洋を活用する豊かな社会」の実現をめざす。

三崎臨海実験所

正式名称は東京大学大学院理学系研究科附属臨海実験所。
1886年に設立された、世界で最も古い海洋生物研究所のひとつとして知られている。神奈川県三浦半島の西南端に位置する。その創設にかかわり初代所長となった箕作佳吉（理学博士）は、日本人として初めての動物学教授（東京帝国大学）。

御木本幸吉 (1858-1954)

明治～昭和期の実業家。水産物に興味をもち、志摩郡明神浦で真珠貝の培養を試みた。三浦臨海実験所所長の箕作佳吉から助言を受け、1905（明治26）年に真円真珠の養殖に成功。御木本真珠（ミキモトパール）は海外でも高い評価を受け、世界真珠市場の6割を占めるまでに至った。

プロジェクトのリーダー
岡 良隆 教授

所属｜理学系研究科生物科学専攻生物学講座
専門分野｜神経生物学、生体情報学
研究テーマ｜環境変化に適応する生体情報系の生物学的機構

ステレオタイプなジェンダー観が影響
理系女子の「見えない壁」をなくしたい！

数物系女子はなぜ少ないのか

クローズアップ

理系女子の問題とは

理系の中でも、特に数学や物理学で女性の割合は非常に低い。こうした問題に、従来にない、社会にただよう「雰囲気」を数値化して問題の構造を明らかにする研究が進んでいる。たとえば、優秀な女性が応援されにくい雰囲気が数学や物理学を男性の学問というイメージに押し込めていないだろうか。では実際、大学の理系学部に進学する女性がどの程度いるかというと、2015年の大学入学者に占める女子の割合は、文系44％に対

し理系36％だった（旺文社教育情報センター調べ）。文系が21％、理系が9％だった1975年当時の割合からは大幅に増えているものの、学部・学科別にみると薬学系や農学系の女子率が比較的高い一方で、工学系や物理・数学系の女子率はいまだにかなり低いのが実状だ。男女共同参画白書（2017年度）でも、日本の理工系分野における女性研究者の割合は15.3％で、最も高いアイスランド（45.6％）の3分の1に留まると指摘する。

Project

　数学の能力は男性の方が優れているのではないかという間違った思い込み（数学ステレオタイプ）や、卒業後の職業が男性イメージであることが影響するのではないかと指摘をされていた。しかし極端に女性が少ない日本の状況はそれだけでは説明がつかない。さらに日本の男女平等度は低く、大きく男女平等が達成されたインクルーシブな社会にはまだ遠い。特に優秀とされる女性が生きづらさ

を感じる雰囲気が強く影響しているのではないか。これまで語られてはいても、モデル化をされてこなかった社会風土を統計的に検証したのが本プロジェクトだ。そこでわかったことは、性差によって科目別の得意不得意があるといったステレオタイプ的な考えや、「男は労働、女は家事」という性差により役割を分担すべきという昔からの考え方が、女子の理系分野への進学や就職を阻んでいるという事実だ。

一般の男女を対象に、理工系を含む18分野について性別による向き不向きのイメージを調べたところ、女性に向いているとされたのが看護学、薬学、音楽、美術で、男性に向いてるとされたのが機械工学、医学、歯学、数学と、男女により向き不向きがあると思っている人が多い事実が明らかになった。特に男性に向いているとの回答が最も多かった機械工学については、女性に向いていると回答した人が最も少なかった。

また「女性は男性に比べて数学的能力が低い」という意見を母親が肯定的に捉える場合、その女子が自然科学分野を専攻する割合が低く、「男は外で働き、女は家庭を守るべきである」という考えを肯定的に捉える女子自身も、自然科学分野へ進学する割合が低い傾向があった。女子が物理や数学といった分野に進むことを阻む「見えない壁」をいかになくすかが、今後の大きな課題である。

プロジェクトのリーダー
横山広美 教授

所属｜カブリ数物連携宇宙研究機構
専門分野｜科学技術社会論
研究テーマ｜科学と社会のよりよい関係の構築

◇**ひとことメモ**◇
ジェンダー

生物学的な性別 (sex) に対して、社会的・文化的につくられる性別のこと。男は仕事、女は家事のように世の中の男性と女性の役割の違いによって生まれる性別をさす。社会的に高い地位に就けない、学校に通えないなど、ジェンダーに基づく偏見や不平等があると指摘されている。

すべての人々に包摂的かつ公平で質の高い教育を提供し、生涯学習の機会を促進する

革新的な学習法で知性を育てる
協調学習を全国の学校へ！

自治体との連携による協調学習の授業づくりプロジェクト

クローズアップ

知性を育てる！
「知識構成型ジグソー法」とは

CoREFユニットが独自に開発した、協調学習が起きやすい環境を教室でつくりだすための学習法が「知識構成型ジグソー法」だ。まず、すでに知っていることや、いくつかの知識を「部品」として組み合わせれば解けるような問いを設定する。それを解くのに必要な資料を知識のパートごとに用意し、児童・生徒は問いへの答えを自分で考える。そして同じ資料を読み合うグループをつくり、資料の内容・意味について話し合い、資料に関する理解を深める。今度は異なる資料を読み込んだ人たちと新しいグループを組み、意見交換をする。みな異なる資料を読んだメンバーなので、自分の言葉で考えを伝える必要があり、同時に他のメンバーの意見を聞きながら、ジグソーパズルを組み合わせるように「問い」に対する新たな考えを組み立てる。その後、クラス全体で自分の考えを発表し他の人の意見に耳を傾け、最後に1人になって考えを再びまとめる。

Project

従来の初中等教育では、一つの問題に対して一つの正解を出して終わる、知識注入型の授業が主流だった。だが、これからの大学や社会で求められるのは、自分で答えをつくりだし、対話を通じてその答えを少しずつ変えながら、答えの先にさらに解くべき問いを見つけられる知性である。

この知性を育てる協調学習を実現するため、CoREFユニットは学習科学の理論に基づいた

CoREFユニット
2008年に東京大学に設置された大学発教育支援コンソーシアム推進機構（東京大学CoREF）を前身とし、現在は高大接続研究開発センター高大接続連携部門内に設置。産官学の全国ネットワークを継承して「協調学習の授業づくりプロジェクト」をはじめとした初等中等教育の質的向上に資する

「知識構成型ジグソー法」やその評価法及び授業研究の進め方を提案しながら、学内と自治体・産業界とも連携し、現場主導の改革を支えている。それは「新しい学びプロジェクト」と名づけられ、全国29（2020年12月現在）の市町村・学校などが

「知的構成型ジグソー法」による授業の様子

参加。1200人の教員が実践し、年間のべ10万人の児童・生徒が「新しい学び」を体験している。

　実際の授業でめざす学習を実現するには、CoREFユニットが提供するものをそのまま使うのでなく、子供たちの実態に応じた工夫が必要になる。このため、現場の教師が授業をデザインする力量を向上させることが求められる。そこで重要になるのが、教材づくりに始まり、その検討・実践を通じて学習結果を評価し、次の教材づくりに生かすという授業研究サイクルだ。CoREFユニットは教師の取り組みを支えるため、授業中の子供たちの音声を即時に文字化するシステムや、その活用法の研究も進めている。

　大学や地域の教育委員会、学校などが協力して生まれた教材や研究成果は、オンラインで閲覧できる。すでに教材だけでも17教科、2500例以上が一般公開されている。このほか、各県・自治体とのネットワークづくりを促進しており、教育関係者同士の研修や交流も企画されている。

研究を行っている。

高大接続研究開発センター
東京大学の入学試験をさらに改善・改革していくための研究開発を行い、あわせて高等学校と大学教育との連携を推進する目的で2016年に設立。高大接続連携部門は全国の自治体や教師と協調学習の授業づくりを進めるCoREFユニットを基盤として、より質の高い小中高大社会の連携のあり方を研究する組織。

協調学習
個々の学習者が物事を理解していくプロセスの多様性を生かし、各自が自分なりの理解を深め、学んだ成果の適用範囲を拡大していく学習のあり方。

プロジェクトのメンバー
白水 始 客員教授、**齊藤萌木** 特任助教、**飯窪真也** 特任助教

所属｜高大接続研究開発センター
専門分野｜学習科学・認知科学・教育方法・教師教育
研究テーマ｜教育実践及び評価の刷新とそのためのシステムデザイン

学際×ネットワークで
子育て・保育の質の向上に貢献！

乳幼児発達科学に基づく保育実践政策学の創成

クローズアップ

「子どもの権利」の実現こそSDGsへの近道

「子どもの権利」とは、世界中のすべての子どもが、心身ともに健康的にかつ安心して、自分らしく育つための権利をいう。この「子どもの権利」の基本は、1989年11月の国連総会で採択された「子どもの権利条約」に定められている。現在、世界196の国と地域がこの条約を批准しており、日本は1994年、世界で158番目に批准した。

条約は大きく4つの「子どもの権利」を守るように定めている。すべての子どもの命が守られるための「生きる権利」、もって生まれた能力を十分に伸ばして成長できるよう、医療や教育、生活への支援などを受けられる「育つ権利」、暴力や搾取、有害な労働などを強いられない「守られる権利」、自由に意見を表したり、団体をつくったりできるための「参加する権利」である。この考え方はSDGsにも踏襲されており、その実現には子育て・教育に関する多様な分野の科学的知見を統合し、新たな社会システムの構築につなげていく必要がある。

Project

　よりよい子育て環境形成のための政策にかかる研究を推進する「発達保育実践政策学」という新たな統合学術分野の確立をめざし、2015年7月に「発達保育実践政策学センター（Cedep）」が設立された。本センターでは、育ちの場・環境に重きを置き、養育・保育 の質向上を実現するために、「子育て・保育領域」「発達基礎領域」「政策領域」

「人材育成領域」の4領域から総合的な研究を推進する。学内外の研究者や研究機関、子育てや保育・教育を実践している方々やその団体、実践のための制度にかかわる国や自治体と連携し、子ども、子育てにかかわる課題をともに探究し、解決の道筋を国際的に発信していく研究拠点である。

　本センターでは、子ども、子育てにかかわる様々な課題にとりくみ、複数のプロジェクトが進行しているが、2020年春には国立大学で初めて、乳児期からの発達と保育の研究を行う子どもたちのための「子育て研究室」が、渋谷区立渋谷保育園内に新設された。また、子どもを取り巻く読書環境の改善を目的とし、本の価値を科学的なアプローチで明らかにする「子どもと絵本・本に関する研究」を、株式会社ポプラ社との共同研究プロジェクトとして2019年8月より行っている。子どもの発育発達プロセスにおける絵本・本の固有性や、認知能力・非認知能力の発達への寄与の可能性、保育園・幼稚園での絵本をとりまく環境などを調査し、デジタルメディア時代の絵本・本の新たな価値を発見、未来の子どもたちにより豊かな読書環境を提供することをめざしている。同センターのこうした研究プロジェクトは、いずれも持続可能な開発目標（SDGs）の達成に貢献するものといえる。

子育て研究室
東京大学大学院教育学研究科と渋谷区（東京都）の連携事業。渋谷保育園「子育て研究室」を拠点とし、保育実践や子どもの発達に関する研究、研究知見の実装や研修を行い、研究と保育現場の双方向的・往還的研究を実現することを目的とする。

◇ひとことメモ◇
発達保育実践政策学センターでは国際的な乳幼児研究ネットワークの構築のほか、大規模縦断調査とそのデータベース化による乳幼児の発達・育児・保育の質に関する研究と保育の質スケールの開発、IoT（情報通信技術）を活用したスマート保育プロジェクトなど、未来社会を担う子どもたちのための様々な研究を展開しており、そのための卓越研究拠点になることをめざしている。

プロジェクトのメンバー
秋田 喜代美 教授、**遠藤利彦** 教授、**浅井幸子** 准教授、**野沢祥子** 准教授、
多賀厳太郎 教授、**淀川裕美** 特任准教授、**渡邉はま** 特任准教授他、特任助教

所属｜教育学研究科
専門分野｜保育学、発達科学、発達心理学、教育学等
研究テーマ｜教育の質が子どもの発達に与える影響

オンラインで誰でもアクセス 東大の知を日本と世界へ！

東大TV事業

クローズアップ

東京大学がとりくむ オープンエデュケーションとは？

あらゆる人が平等に教育を受けられることを目的に、高等教育機関が講義や教材、学習ソフトウェアといった教育リソースをインターネット等から広く一般に無償公開すること。世界的に広がりを見せている「大規模公開オンライン講座」(MOOC) も含まれる。東京大学では学内で生まれた知を社会に還元する教育活動として、各種のオープンエデュケーション事業にとりくんでいる。

「東大 TV」では、学内で開催されるシンポジウムや公開講座といったイベントを配信。正規講義については「UTokyo OCW」で、1400 を超える講義資料や映像を無償で一般に公開している。また、海外のプラットフォームを用いて、世界中に無償で利用できるコースを提供する「大規模公開オンライン講座」でも、2020 年 4 月時点で全 15 コースを提供している。

Project

「東大 TV」は、東京大学で開催されるシンポジウムや公開講座、講演会などを収録して無料で公開する大学公式のウェブサイトだ。東京大学のオープンエデュケーション事業の一環として大学総合教育研究センターにより 2005 年にスタートした。会員登録や会費などは不要で、インターネット環境さえあれば、誰でも視聴することができる。2016 年 11 月からは、YouTube チャンネルを開設し、一部のコンテンツは iTunes

MOOC
Massive Open Online Course の略。

OCW
Open Course Ware の略。

Podcastでも配信している。2020年10月時点で、東大TVに登録されている一般公開動画は1124本で、月間15万〜20万PVのアクセスがある。

東大TVのサイト画面

コンテンツには、年に2回実施される「東京大学公開講座」や「高校生のための東京大学オープンキャンパス」で行われる各学部の説明会・模擬授業の様子が毎年公開されるほか、学内で日々開催されている各学部や研究所主催の各種イベント、多彩なテーマの講演会などの動画が豊富にそろっている。また、学内外のノーベル賞受賞者による講義は、東大TVならではのコンテンツといえる。

特に人気を集めたのは、2010年8月に東京大学で行われた授業を収録した、マイケル・サンデル氏による「ハーバード白熱教室 in JAPAN」で、現在公開されている動画の中でも最も視聴されている。また、2015年1月に開催した特別講義「トマ・ピケティ教授東大講義『21世紀の資本』」も大きな反響を得ている。そのほか、東京大学教養学部英語部会が補助教材として製作した「英語の発音と発音記号」なども多く視聴されている。今後、学内のオンラインイベントを東大TVで配信するなどさらにコンテンツの幅を広げ、SNSを活用した広報活動にも力を入れていく。

マイケル・サンデル

1953年生まれ。米ハーバード大学教授(政治哲学)。コミュニタリアニズム(共同体主義)の代表的論者として知られる。2010年に刊行された『これからの「正義」の話をしよう　いまを生き延びるための哲学』が大ベストセラーとなり、同年にNHKが放送した『ハーバード白熱教室』もあわせ社会現象となった。

トマ・ピケティ

1971年生まれ。パリ経済学校教授(経済学)、社会科学高等研究院教授(経済学)。2014年に著した『21世紀の資本』が世界的ベストセラーとなった。

プロジェクトのリーダー
森山 工 教授

所属｜総合文化研究科地域文化研究専攻多元世界解析講座
専門分野｜文化人類学
研究テーマ｜広域フランス語圏文化論

真の「バリアフリー社会」を実現できる人材を育てる！

多様性を包摂する共生社会のための教育プログラム開発

クローズアップ

学校に適応できない子を取り残さないバリアフリー教育の必要性

移動を妨げる物理的な障壁を取り除くことをバリアフリーという。日本では「心のバリアフリー」など意識や態度、あるいは制度の問題などで幅広く使われる。似た言葉としてダイバーシティやインクルージョンがある。「多様性」と訳されるダイバーシティとは、社会の中に様々な違いをもった人々が存在することを認め合う、その状態を尊重して社会のビジョンを考えることである。「包摂」と訳されるインクルージョンは「イン

クルーシブ教育」という使われ方もするが、ダイバーシティの方向性や理念を表す。「ダイバーシティ アンド インクルージョン」という場合、学校教育の分野では障害のある子どもが障害のない子どもとともに学習できるようにする概念をいう。だが本来的には、障害だけでなく、様々な理由から学校に適応しづらい子どもたちを組み込んだ概念である。それをどう実現していくかに焦点を当てたのが「バリアフリー教育」である。

Project

　多様性を包摂する社会を実現するための知と技術を使いこなし、生み出していくことのできる人材を育成する教育プログラムのコンテンツと手法開発、および社会的普及のためのスキーム構築がこのプロジェクトの目的である。これまで学内の学部横断型バリアフリー教育プログラムや各種シンポジウム、共同研究などを通じたネットワークで形成した知見をもとにしたものである。

バリアフリーのアプローチには、マイノリティ側の機会保障にフォーカスするものとマジョリティ側の変革にフォーカスするものとがある。我々が行っているのは、マジョリティ側の人たちの考え方に働きかけるようなプログラムである。初等・中等教育での授業づくりから、大学での高等教育、さらにはビジネスパーソン向けのものまで、それぞれの対象に応じてカスタマイズして展開している。また、プログラムを使った教育・研修を実施できるようになるための講師養成プログラムも開発している。

これまで、e ラーニング、ワークショップ、授業実践、企業研修などの各種プログラムを開発・実施してきたが、2016 年度には内閣官房がまとめた「『心のバリアフリー』に向けた汎用性のある研修プログラム」にもコンテンツを提供した。これは普段、自覚していないマジョリティとマイノリティの間の不均衡について、ゲームで擬似体験することにより、他人事ではなく自分の問題としてとらえ直すことができるようになるよう開発したプログラムである。

そのほかにも、社会の偏りへの直感的な気づきを促す体験型プログラムを日本ケアフィット共育機構と共同で開発したり、OTD 普及協会と組んだ企業向けのプログラムを展開するなどしている。

公益社団法人日本ケアフィット共育機構

「誰もが誰かのために、共に生きる社会」を理想に掲げ、あらゆる場面で「ケア」を「フィット」することをめざしている。つまり、「必要なことをその人その場にあったやり方で行うこと」で、相手を尊重しない過剰なサポートで主体性を奪うことなく、「不安や困りごとを、喜びにする一助となること」によって、「共に生きる社会」の実現を見据える。

一般社団法人OTD普及協会

年間を通じてアカデミアの知と企業のニーズをつなぎ、組織変革のためのダイバーシティをどのように実現していくのかを探求する会。東京大学大学院教育学研究科附属バリアフリー教育開発研究センターと連携して東大から講師を招き、様々な企業から集まったメンバーとダイバーシティ推進における自社課題に向き合っている。

プロジェクトのリーダー
星加良司 准教授

所属 | 教育学研究科附属バリアフリー教育開発研究センター
専門分野 | 社会学
研究テーマ | 障害の社会理論

すべての人々に包摂的かつ公平で質の高い教育を提供し、生涯学習の機会を促進する

最新技術で障害に応じた学びを創造
誰もが夢を実現できる社会に！

障害のある児童生徒・学生のテクノロジーを活用した高等教育および就労への移行支援プロジェクト（略称:DO-IT Japan）

クローズアップ

セルフ・アドボカシー

日本語で「自己権利擁護」と訳される「セルフ・アドボカシー」とは、障害や困難のある当事者が、自分の利益や欲求、意思、権利を自ら主張することを意味する。

本プロジェクトが子どもたちに教えるのは、人と違う方法であっても、自分にとっての適した学び方や、自分が追いかけたい夢は何かを自ら考えることの重要性である。例えば、字がまったく読めない子がヘリコプターのパイロットになりたいという夢を抱いたら、テクノロジーを利用してその夢を実現する方法を一緒に考えるのだ。

「自分は障害があるからできない」ではなく、「人と違うやり方でも自分には学ぶ権利がある」という自覚が生まれることで、セルフ・アドボカシーという「ソフトスキル」も生まれる。障害があっても自信をもって工夫をしながら夢を追える社会、そしてそれをつくっていくリーダーを育んでいくことが大切だ。

Project

DO-IT Japan は、産学連携により 2007 年にスタートしたプロジェクトで、最新のテクノロジーを活用しながら、通常の教育から排除されやすい様々な障害や病気のある児童生徒・学生に向けて、「自らのニーズに適した方法で学ぶこと」「初等教育から中等教育や高等教育へ進学すること」「希望するキャリアにつながる力を育てること」に関連する数々のプログラムを継続的に提供

DO-IT Japan
DO-IT は Diversity（多様性）、Opportunities（機会）、Internetworking and Technology（インターネットを活用した働き方と技術）を意味する。

ジョブシャドウ
アメリカで誕生した、学生や子どもに職場を観察させる職業体験プログラム。

している。一例として、共催企業（日本マイクロソフト株式会社、ソフトバンク株式会社）とのインターンシップに加え、2020年には新たにジョブシャドウという職業体験プログラムを始めた。

DO-IT Japanのホームページ

　未来のリーダーとなることが期待される子どもたちを、障害をもつ全国の児童生徒・学生のなかから選抜し、集中的に教育・支援するスカラープログラムを中心に、年間を通じた教育プログラムを展開する。DO-IT Japanのメインプログラムであるスカラープログラムには、これまでに140名以上が選抜され継続参加している。また、学びの困難を抱える多様な児童生徒・学生を支援するPAL（パル）プログラムには、およそ3000名が登録している。また、学びの環境整備のために、学校・教員を対象としたスクールプログラムもある。

　同様のコンセプトで支援プログラムを展開するワシントン大学 DO-IT Center（米ワシントン州シアトル）や、マラヤ大学 DO-IT（マレーシア・クアラルンプール）とのネットワーク体制もある。DO-IT Japanは2011年には第42回博報賞（特別支援教育部門）および文部科学大臣奨励賞を受賞した。

プロジェクトのリーダー
近藤武夫 准教授

所属｜先端科学技術研究センター
専門分野｜心理学、特別支援教育、技術支援
研究テーマ｜障害者の高等教育や就労への移行支援

DO-IT Japanでは、みずほファイナンシャルグループとの共催で開発した。障害のある大学生がみずほ本社の社員に数日間ついて（コロナ禍のためオンライン）、仕事の仕方を学ぶ。学生からの質問に答えることによって、社員にも気づきが生まれお互いの学びになる。

スカラープログラム
障害や病気がある中学生・高校生・高卒者・高専生・大学生・大学院生が対象で、テクノロジーの活用を主とした多様なプログラムの提供、大学・就労移行支援を通じて、将来の社会のリーダーとなる人材を養成することを目的とする。メインの夏季プログラムをはじめとして、オンライン・オフラインでの活動、海外研修などに参加できる。

PAL（パル）プログラム
学びに困難がある児童生徒・学生とその保護者が対象のプログラム。主にテクノロジーを活用した学び方、DO-IT Japanに寄せられる質問やその回答、事例、イベント情報など、情報提供を行うことを目的とする。

サステイナブルな社会を実現する グローバルリーダーを育てる！

サステイナビリティ学グローバルリーダー養成大学院 プログラムの展開

クローズアップ

サステイナビリティ学とは？

サステイナビリティとは日本語で「持続可能性」などと訳されるが、人類が未来に向かって生存していくためのめざすべき姿を論じる際の、キーとなる概念である。世界には地球環境の劣化、資源枯渇、貧困拡大、高齢化社会、大規模災害など、人類の将来に危惧を抱かせる様々な課題があふれている。それらの課題はどれも複雑で、解決には俯瞰的かつ長期的な視点が必要だ。

「サステイナビリティ学」はこう した課題に対し、専門分野を横断した俯瞰的・統合的アプローチでとりくむ、人間活動と自然環境が調和した「持続的発展が可能な社会」構築をめざすための新しい学術体系である。

東京大学では2005年、世界に先駆けてサステイナビリティ学の創生とその世界的拠点形成をめざす「サステイナビリティ学連携研究機構」が設立されて以降、新しい知の体系化にとりくみ続けている。

Project

本プロジェクトは、サステイナブル（持続可能）な社会の構築に貢献できるグローバルリーダーを養成するための教育プログラムである。高いコミュニケーション能力を備えたグローバルリーダーシップ、深い専門性と広い教養に基づく俯瞰力・提案力、複雑な要因がからみ合う課題の解決力などを備え、国際的に活躍できる人材の養成をめざす。世界中の国および国内から多様な専門性

サステイナビリティ学連携研究機構 (IR3S)
地球・社会・人間システムの統合による持続型社会の構築をめざし、超学際的なサステイナビリティ学に関する世界最高水準の研究拠点として設置された。2019年に政策ビジョン研究センターと統合し、未来ビジョン研究センターが発足。東京大学は国際連合大

を持つ学生を集め、講義・演習はすべて英語で行われる。

　サステイナビリティに関連するさまざまな学問領域で研究を行う教員が指導を担当し、領域横断的な教育を実施している。国際連合大学をはじめ海外の大学とも緊密な協力関係を築き、学生に多様な教育機会を提供している。実践的スキルを養うため「演習型教育プログラム」を重視している点も特徴だ。災害復興、開発、環境保護、都市化、過疎化などのさまざまな研究分野で、国内外におけるフィールドワークやインターンシップを通じた実践型の教育機会を豊富に用意している。こうした演習のなかで、専門分野、国籍、文化的背景が異なる多国籍の学生が、議論しながら互いに協力し、刺激し合うことで経験的に必要なスキルを身につけていく。

　博士課程での研究分野も広範にわたるが、日本でサステイナビリティ課題を論じる際に避けて通ることができない少子高齢化問題や自然災害の多発が、テーマとして取り上げられることも多い。例えば、ひとつの自治体を取り上げ、高齢化社会においてどのようにサステイナブルな将来像を描いていくかという研究、東日本大震災や近年の大洪水などの大規模災害に対するレジリエントな社会構築のための研究などが行われている。

学などと共同で設立した国際サステイナビリティ学会の事務局大学でもある。

レジリエントな社会
レジリエント (resilient) とは復元力や回復力のある様子を表す言葉。過去のデータから想定される規模を超えるような大災害が発生したときに、被害をできる限り低いレベルにとどめ、受けた被害から立ち直ることができる社会のこと。

プロジェクトのリーダー
小貫元治 准教授

所属 | 新領域創成科学研究科サステイナビリティ学グローバルリーダー養成大学院
専門分野 | 環境学、サステイナビリティ学
研究テーマ | サステイナビリティに関する研究

すべての人々に包摂的かつ公平で質の高い教育を提供し、生涯学習の機会を促進する

生物界全体の健康を考える「地球医」たちを育てる！

One Earth Guardians育成プログラム

クローズアップ

One Earth Guardians（地球医）とは？

異常気象、地球温暖化、資源枯渇、環境破壊。人類は誕生以来、地球上のあらゆる資源を利用することで、多くの問題を起こしてきた。そうした問題を、自らも専門家でありながら、俯瞰的な視点で人を結びつける「巻き込み力」をもち、サイエンスに基づいた解決法を研究・実践していく人材を本プロジェクトではOne Earth Guardians（地球医）と名づけ、新しい科学者のあり方として提案している。カリキュラムでは多岐にわたる課題を俯瞰的にとらえる力を身につける「基礎地球医学」、それらの対策に必要な課題を発見し解決策を導き出す力を養う「応用地球医学Ⅰ」、解決策を社会に広げる力を磨く「応用地球医学Ⅱ」を学ぶ。One Earth Guardiansが複数形であるのは、こうした人材が官僚やビジネスマン、研究者など、さまざまな立場にありながら、つながっていくネットワークの形成をめざしているためだ。

Project

　本プロジェクトは100年後、人類が生存のための産業活動を続けながら、地球上のあらゆる生物と共存していける世界をつくるために必要な人材の育成を目的とした教育プログラムだ。

　経済価値を優先した産業開発が、地球に与えてきたさまざまなダメージや、人間活動のために引き起こされたあらゆる問題を、生物資源の利用を通して人類の衣食住を多方面から支えてきた「農

◇**ひとことメモ**◇
One Earthとは、生物界全体を地球の一部ととらえて、部分最適ではなく全体の健康を考え、生物の恵みを無駄なく利用するという概念である。

学」の観点を利用して、俯瞰的に洗い出し、科学的な解決法を研究、実践していくことをめざした新しい分野の教育・研究「ワン・アーソロジー」(One Earthology）＝地球医学を学ぶ。

　特長は、大学卒業後も継続する教育プログラムであること。大学での教育からはじまり、社会を変えていくことをめざし、世代や分野を超えたプログラムを展開している。企業や行政などと連携をとりながら、双方向でプログラムを推進する。学生だけでなく、教員も、社会人も、参加した全員が育成プログラムの対象となる。また、本プログラムを修了して社会に出た人材が、企業や行政などそれぞれの立場からプログラムに参加することで、教育が連続し、一生をかけて勉強が続いていくしくみだ。

　カリキュラムの中心となる実習科目「応用地球医学Ⅰ」では、企業や自治体、NPO などでの実学研修を通して、社会の抱える正解のない複雑なSDGs 課題について、課題設定から解決までをめざす。そのほか、学生、企業・NPO の方、教員等が同じテーブルについてディスカッションを行うセミナー、学外、学内の講師によるレクチャー、起業家などの実体験を生かしたワークショップなど、多彩な活動を通して「100 年後の地球に何ができるか」をともに考えていく。

プロジェクトのリーダー
堤 伸浩 教授（研究科長）

所属｜農学生命科学研究科
専門分野｜植物分子育種学
研究テーマ｜農業形質決定遺伝子の機能解析および高速育種システムの構築

北東アジア考古学の蓄積を世界と地域に還元する！

人文学における国際的地域・社会連携の推進

クローズアップ

世界遺産登録の可能性も貴重な北海道・常呂町の遺跡群

北海道北見市常呂町には、常呂川河口周辺からオホーツク海沿岸、サロマ湖東岸まで続く広い範囲に、数千年〜700年以上前の竪穴式住居跡が数多く残されている。竪穴式住居の跡が完全に埋没することなく、現在でも確認できるくぼみの状態で、3000カ所以上も残るこれらの集落遺跡は非常に珍しく、世界的に見ても有数の規模を誇るものだ。なかでも保存状態の良好な「常呂竪穴群」「栄浦第二遺跡」「岐阜台地西部竪穴住居群」「常呂川右岸台地竪穴群（トコロチャシ跡遺跡群）」は、1974年に「常呂遺跡」として国の史跡に指定された。

北海道で独自に発展した擦文文化、オホーツク文化期の住居跡も見つかっており、出土した多くの遺物から、北海道の中でも独自の歴史を歩んだオホーツク地域の文化の変遷を知ることができる。その後のアイヌ文化成立を考える上でも重要な研究対象で、将来、世界遺産一覧表に記載する計画のある物件として「暫定リスト」にも記載されている。

Project

人文社会系研究科の附属施設「北海文化研究常呂実習施設」のある北海道北見市には、史跡「常呂遺跡」をはじめ、国内有数の先史文化の遺跡群が残されている。東京大学は1957年に常呂町で遺跡の発掘調査を開始して以来、北見市常呂町と連携しながら、現在まで毎年、この地域で考古学の発掘調査を実施してきた。2019年にはじ

擦文文化
7〜13世紀頃に北海道に広く展開した鉄器文化。擦文とは北海道特有の続縄文文化などの影響を受けて誕生した櫛の歯のような土器の文様に由来。

まった本プロジェクトは、発掘調査により60年以上にわたって蓄積された膨大な学術文化資源を、国際的な教育プログラムの拡充や、地域との連携強化に生かすことを目的としている。

　これまでの成果として、まず、発掘調査写真や考古資料のデジタルアーカイブ化が進められている。2020年1月時点で、「史跡モヨロ貝塚ガラス乾板写真デジタルアーカイブ」「トコロチャシ跡遺跡群発掘調査写真デジタルアーカイブ」「常呂川下流域の考古資料コレクション」の3つをウェブサイト上で公開。今後も新たなアーカイブの制作と公開を予定している。

　また、地域の文化資源を生かして、東大と海外の学生が交流する特別プログラムを毎年開催する。そのほか、国際的なシンポジウムやワークショップも開催する予定だ。実習施設では、文学部の博物館学実習が開講されているほか、常設展示・企画展示による資料の公開、公開講座など、地域に根ざした教育活動も推進。さらに、学術文化資源の展示パッケージを作成して、地域の博物館等での巡回展が計画されている。また、北見市での本プロジェクトの実績をふまえ、人文社会学系諸学による地域連携と社会貢献のモデル事業として、世界遺産「紀伊山地の霊場と参詣道」を擁する和歌山県新宮市での展開が進められている。

プロジェクトのリーダー
佐藤宏之 教授

所属｜人文社会系研究科基礎文化研究専攻考古学講座
専門分野｜考古学
研究テーマ｜先史考古学

オホーツク文化
続縄文文化や擦文文化が広がるなかで、オホーツク海沿岸一帯で5〜12世紀頃に展開した異質の土器文化。北アジア系漁労民が渡来して生まれた文化で、オホーツク式土器・竪穴住居・墳墓などを残す。

史跡モヨロ貝塚
オホーツク文化を代表する遺跡。北海道東部のオホーツク海に面した網走市の網走河口左岸の砂丘上に位置している。1913年に発見され、300基以上の墓をはじめ、竪穴式住居跡、貝塚などが発掘されている。出土品も数多く、規模・内容ともに随一の存在で、学史的にも重要な遺跡。

沿岸海洋学×社会科学で
地元住民と子どもたちに「海の誇り」を！

海と希望の学校 in 三陸

クローズアップ

世界有数の生物多様性の宝庫
三陸海岸

リアス式海岸として知られる三陸の入り組んだ海岸線に並ぶ大小の湾は、ひとつひとつが異なる海洋学的な特徴をもっている。そこに住む人々の海とのつきあい方も様々で、岩手県の山田湾（山田町）は湾の入り口が狭く波が穏やかなため、カキ・ホタテなどの養殖漁業が盛ん。一方、小さな半島を挟んで山田湾の南に位置する船越湾は南北に開けた湾で、返す波のない「片寄波」で有名な浪板海岸は

サーフィンのメッカだ。また、荒巻鮭発祥の地とされる大槌に面する大槌湾、コンテナ貨物取扱量が東日本大震災前に比べて80倍以上に急増し、「ポート・オブ・ザ・イヤー2019」を受賞した釜石港を有する釜石湾など、それらの特徴は実に多彩だ。大小様々な湾が連なる三陸海岸は、自然科学的にも、人文社会学的側面から見ても、世界有数の多様性の宝庫といえる地域だ。

Project

岩手県大槌町にある大気海洋研究所国際沿岸海洋研究センターを拠点として、大気海洋研究所と社会科学研究所が共同で取り組んでいる地域連携プロジェクトである。同センターでは多様性に満ちた三陸各湾の海の特徴と、それに伴う地域ごとの風土や文化の違いに着目。海と人々の暮らしの関係を明らかにしながら、それぞれの海がもつ可能性や地域アイデンティティの再構築による地域再生の議論を喚起する活動を展開している。地元

大気海洋研究所国際沿岸海洋研究センター
岩手県上閉伊郡大槌町に位置し、親潮と黒潮の混合水域が形成され生物生産性と多様性の高さが世界的に知られる三陸沿岸域の沿岸海洋研究を行う。地震・津波による海洋環境・生態系の変化に関する研究成果を発信し、沿岸海洋研究の国際ネットワークの中核を担うことを目的としている。

の小・中・高校生も巻き込み、共に考え、地域に希望を生む人材を育成することを目的としている。

活動はさまざまな手段を用いて行われている。例えば同センターのエントランスホールの天井画は、現代アート作家の大小島真木氏が制作。大槌の海に生息するさまざまな生物が登場する絵を見上げながら行われる小・中・高校生向けの「対話型授業」は、作者やセンタースタッフ、地元の方も講義に加わって、芸術、自然科学、人文社会科学の枠を超えた授業が展開されている。三陸鉄道とのジョイントで、列車を貸し切りにして体験型の授業を行う「海と希望の学校 on 三鉄」、地元紙（岩手日報）での記事連載や地域の学校への出前授業なども継続して行われている。

また、岩手県立大槌高校では海にかかわる研究活動にとりくむ「はま研究会」が発足した。センターでの手伝いやフィールドワークなどの調査活動を行っている。一方、宮古市立重茂中学校では、同センターと連携・協力推進にかかわる協定を結び、実習などを通じて海への理解を深める3年間のカリキュラムを作成中だ。基礎科学によって地域を振興するというこのとりくみがモデルとなり、全国の中山間地域や過疎地域などへの展開も期待されている。

プロジェクトのメンバー
河村知彦 教授、**青山 潤** 教授

所属｜大気海洋研究所海洋生命システム研究系海洋生物資源部門（河村）、同国際沿岸海洋研究センター（青山）
専門分野｜海洋生態学、水産資源生態学（河村）　魚類生態学（青山）
研究テーマ｜海洋生物資源の生態に関する研究（河村）　回遊魚の生活史、進化（青山）

ジェンダー平等を実現しよう

皆のための大学になっている？インクルーシブな環境に

LGBT当事者が大学において抱える困難とニーズに関する包括的研究

クローズアップ

相談相手の不在、いじめや排除性的マイノリティの現状とは

LGBT、LGBTQと称される性的マイノリティは、大学においても多くの困難やニーズを抱えていると考えられる。ひとつには、自分のアイデンティティを確立しつつある大学生という時期に、自分のセクシュアリティについて悩みを相談できるコミュニティがないという困難がある。

さらにLGBTであることによるいじめや排除の問題も大きい。自分からカミングアウトすることによって理解のない人からいじめを受けるケースもあれば、当事者は隠しておきたいのにLGBTであることを友人などに公表されるアウティングが起こる場合もある。

また、大学の施設や制度にかかわる問題として、トイレや男女別の健康診断などが挙げられる。都市部の大規模な大学では学内外に性的マイノリティのコミュニティがある場合もあり、一部の先進的な大学では施設・制度面での対応が進んではいるものの、全体としては対応が進んでいないのが現状だ。

Project

アメリカ、イギリスなどにおける先行研究により、海外の大学で起きている問題はすでに明らかになっている。こういった問題が日本の大学でも起きているのかを明らかにするのが本プロジェクトの目的だ。

方法としては、まず首都圏の大学のLGBT当事者20名強にインタビューを行い、その結果をベースに全国規模のインターネット調査を実施す

LGBT、LGBTQ

LGBTはレズビアン、ゲイ、バイセクシュアル、トランスジェンダーの頭文字を取った性的マイノリティの総称。自分の性自認や性的指向がまだ決まっていない・決めたくない人をさすクエスチョニング、性的マイノリティをより包括的に表現するクィアのQを加えて、LGBTQと称されることも

る。2020年末の時点ではインタビューは終了しており、収集したデータの分析にとりくんでいる。

ここまでの分析で推論できるのは、男女二元論的な考え方が多くの問題の根源にあるのではないかということ。だからこそトイレも健康診断の実施日も当たり前のように男女で分けられている。この考え方を変えることで改善できる問題は多々あるはずだ。もうひとつは、学生や教職員のLGBTへの無理解に基づく不適切な発言が少なくないこと。直接的な言葉で侮蔑するケースのほか、異性の恋人がいるかどうかなどの質問がLGBT当事者にとってストレスとなるケースも多い。

施設や制度面については、大学側が対処可能な問題なので、積極的に提言を進めていきたい。その際、当事者が利用しやすいラベリングや説明の重要性（「障害者用トイレ」といった表現では不十分）についても啓蒙が必要だと考えている。

また、一連の問題に対して継続的に情報を収集し、啓蒙活動や提言を行う組織として、私と筑波大学の教員が発起人となって大学ダイバーシティ・アライアンス（UDA）という組織を立ち上げた。本プロジェクトやUDAの活動を通して、性が多様かつ複雑であり、カテゴリーではなくスペクトラム（連続体）であるという認識を広げていくことで、インクルーシブな大学、社会を形成することに貢献していきたい。

多い。ただ、これらのカテゴリーに属さない多様なセクシュアリティが存在するため、最近では、性自認や性的指向がスペクトラムであることを意味するSOGIE（ソジ: Sexual Orientation and Gender Identity and Expression）という言葉が使われることも多い。

大学ダイバーシティ・アライアンス（UDA）
ダイバーシティ（diversity）とは「多様性」を意味し、人種や国籍、宗教、障害、セクシュアリティなど多様な存在を認め合う社会のあり方をさす概念。UDAはLGBTなどを含む性的マイノリティ当事者の学生支援を入り口に、すべての学生・教職員がそれぞれの能力を発揮できる場となることをめざす、大学関係者によるネットワーク。

プロジェクトのメンバー
Euan McKay 特任助教、金智慧、小林亮介、佐藤遊馬

所属 | 広報戦略本部（McKay）、大学院教育学研究科博士課程（金、小林、佐藤）　※金智慧さんの所属は2019年度の時点
専門分野 | ダイバーシティ、国際関係史、国際学術広報論（McKay）
研究テーマ | キャンパス風土、日本兵抑留者（McKay）

ダイバーシティを尊重する メディア表現のあり方を考える！

メディア表現におけるダイバーシティ向上を 目指す産学共同の抜本的検討会議

クローズアップ

影響力が強いからこそ考えたい メディア表現とダイバーシティのあり方

近年は日本でもダイバーシティが盛んに叫ばれるようになっている。性別・性自認、年齢、人種、国籍、宗教、文化、障害の有無などの違いにとらわれず、多様な人たちがお互いを認め合い、受け入れ合う社会の実現はSDGsが掲げるゴールのひとつでもある。

しかし、日本のメディア表現の実情をみると、多様な生き様や価値観が反映されているとは言い難い。テレビドラマやCMでは、ステレオタイプな女性像、妻像、母親像が描かれ続けている。多様化が進む現実の女性の生き方、あり方がビビッドに描かれるケースはまだまだ少ない。また、性的マイノリティを揶揄するような表現が問題になることもたびたびある。

テレビ、新聞、雑誌、インターネットなどのメディア表現がもつ影響力は大きく、人々の考え方や行動の規範となる側面がある。そのため、偏ったメディア表現は多様性を認め合う社会の実現を阻害する要因にもなっている。

Project

2017年5月、メディア表現における多様性を幅広く議論し、その成果を提言する場として実務家との共同研究グループ「メディア表現とダイバーシティを抜本的に検討する会 (MeDi)」を立ち上げた。メンバーにはダイバーシティやメディアを専門とする大学の研究者のほか、このテーマに問題意識をもつメディア関係者やジャーナリストが名を連ね、各界の実務家を招いたシンポジウ

ムなどを定期的に開催している。これまでのシンポジウムのテーマは「これってなんで炎上したの？　このネタ、笑っていいの？」「徹底検証炎上リスク—そのジェンダー表現はアリか」「炎上の影に"働き方"あり！ メディアの働き方改革と表現を考える」「それ"実態"とあってます？メディアの中のLGBT」「ジェンダー・ギャップの解消に向けて——デジタル情報化社会におけるメディアの課題と未来」など。記事や番組、広告などでメディアの表現が実際にどうつくられているか、不適切な表現が招くリスクとは何かを学者、メディア関係者、市民たちで話し合っている。

　こうしたイベントを通して、ステレオタイプに走りやすいメディア業界の構造的問題を明らかにし、変わりつつある現実社会とどのようなズレが生じているか、メディア表現がハラスメントやいじめにどのように影響しているかなどを検証し、あらゆる人に開かれた社会づくりに貢献するメディア文化の創造に向けて活動している。

　なお、MeDi は 2020 年 7 月に東京大学Beyond AI 研究推進機構が発足し、その基礎研究グループである B'AI グローバル・フォーラムのひとつに位置づけられることになった。

東京大学Beyond AI 研究推進機構

東京大学とソフトバンクによる世界最高レベルの人と知が集まる研究拠点。AIの基盤技術研究やその他の学術領域との融合によって、新たな学術分野の創出をめざす「基礎研究（中長期研究）」と、さまざまな社会課題・産業課題へのAIの活用を目的とする「応用研究（ハイサイクル研究）」の2つの領域で研究を推進。
(Beyond AI HPより)

B'AI グローバル・フォーラム

東京大学Beyond AI研究推進機構の基礎研究グループの一つ。文理融合・分野横断型でAIと社会をつなぐために、国境を越えた文系・理系研究者、さまざまな分野の実務家、ジャーナリスト、市民たちが集い、議論する場。とりわけ、ジェンダー平等とマイノリティの権利保障という社会目標を、AIが社会のあらゆる局面に浸透する時代に、いかによりよく実現していくに主眼を置いている。
(MeDi HPより)

プロジェクトのリーダー
林 香里 教授

所属｜情報学環・学際情報学府
専門分野｜社会学
研究テーマ｜ジャーナリズム研究、マスメディア研究

Goal

6

安全な水とトイレ
を世界中に

前日からの避難を可能に！
膨大なデータから30時間先の洪水を予測

全球から市町村スケールのシームレスな洪水予測

クローズアップ　頻発する水害と洪水予報の現状

2017年の九州北部豪雨、18年の西日本豪雨と台風21号、19年の台風15号、19号、20年の7月豪雨など、気候変動による影響で日本では毎年のように大規模な水害が発生し、人命や財産など大きな被害を出している。

気象庁による現在の指定河川洪水予報等は3時間先までの予測であるため、リードタイムの短さがネックになっている。警報・注意報が発令されるのがわずか数時間前であるために避難が遅れ、避難そ

のものができずに被害にあう人も少なくない。

気象業務法では、民間会社など気象庁以外の者が予報業務を行う場合は、気象庁の許可を得なければならないと定められており、特に洪水予報については技術が確立されていないという理由で気象庁は認めていない。だが大学などの研究機関で新たな予報システムが開発されつつあり、将来的には補完しあえる関係が模索されている。

Project

本プロジェクトは、多発する大雨や大型化する台風の影響で毎年のように起こる洪水の危険性を予測するシステム「Today's Earth (TE)」をJAXAと共同で開発し、世界中の河川の流量やその氾濫域の推定結果をモニタリングしている。その日本域版「TE-Japan」では日本の国土を対象に約1km格子の解像度で水循環を推定し、リアルタイムから最大30時間後までの河川の状態を

JAXA（宇宙航空研究開発機構）
2003年に宇宙科学研究所(ISAS)、航空宇宙技術研究所(NAL)、宇宙開発事業団(NASDA)の3機関が統合して誕生。政府全体の宇宙開発利用を技術で支える中核的実施機関と位置づけられ、同分野の基礎研究から開発・利用に至るまで一貫して行っている。
(JAXA HPより)

予測できる。

　洪水を予測するには予想降水
量や河川の水量以外にも様々な
データが必要になる。例えば都
市部だと、雨水は全量に近い量
が河川に流れ出るが、農村地域
や山間部ではある程度土地が保

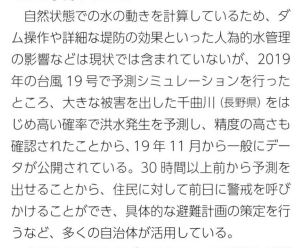

「Today's Earth」のサイト画面

水し、河川に流入する量は少なくなる。ほかにも
蒸発量といった細かな数値など50種類を超える
陸上の水循環にかかわる物理量を推定し、河川が
どれだけ増水するかを計算し、どこで洪水が起こ
るかを予測している。

　自然状態での水の動きを計算しているため、ダ
ム操作や詳細な堤防の効果といった人為的水管理
の影響などは現状では含まれていないが、2019
年の台風19号で予測シミュレーションを行った
ところ、大きな被害を出した千曲川（長野県）をは
じめ高い確率で洪水発生を予測し、精度の高さも
確認されたことから、19年11月から一般にデー
タが公開されている。30時間以上前から予測を
出せることから、住民に対して前日に警戒を呼び
かけることができ、具体的な避難計画の策定を行
うなど、多くの自治体が活用している。

　今後は解像度を上げることで、より詳細な予測
を可能とする一方で、内水氾濫やダムの緊急放流
の予測などへの対応も考えている。

内水氾濫

市街地に大雨が降り、下水
道や排水路の排水能力を超
えて、あふれだした雨水に
より建物や土地、道路など
が水に浸かる現象。降雨か
ら浸水被害までの時間が短
い、河川から離れた地域で
も発生するなどの特徴があ
る。これに対して河川が氾
濫することを外水氾濫とい
う。

プロジェクトのメンバー
芳村 圭 教授、**山崎 大** 准教授、**日比野 研志** 助教、**馬 文超** 特任研究員

所属｜生産技術研究所　グローバル水文予測センター（GHPC）
専門分野｜地球規模水文学
研究テーマ｜地球規模水文学

すべての人々の水と衛生の利用可能性と持続可能な管理を確保する

水道のない地域での活躍に期待！
水を殺菌する紫外線LED

安全な水へのアクセス向上に役立つ
UV-LED浄水装置の開発

クローズアップ

世界で22億人！
安全な水にアクセスできない人々

急速な都市化と人口集中に水道整備が追いつかない新興国や、老朽化し水道施設の更新が進まない山間地の過疎集落、大規模災害時の避難所や仮設住宅など、安全・安心な水にアクセスできない人々は、汚染が疑われる地下水・河川水を利用せざるをえない途上国だけの問題ではない。

しかし、整備・更新・復旧に莫大な費用と長い期間を必要とする水道インフラは、多くの場合で現実的ではない。本研究は、こうした問題を小規模な設備で解決する方法の確立をめざす。

世界では22億人が安全に管理された飲み水を使用できずにおり、このうち1億4400万人は、湖や河川、用水路などの未処理の地表水を使用している。こうした水には大腸菌やサルモネラ菌などの細菌が多く含まれ、コレラや腸チフス、細菌性赤痢などの感染症の危険性がつきまとっている。

Project

　安全な水の確保が待ったなしの状況では、都市部における水道網とは異なる給水システムが必要だと考えられる。その一案として、本研究で開発したのが、紫外線発光ダイオード (UV-LED) を装備した浄水装置だ。殺菌には一般的に低圧水銀紫外線ランプ (殺菌灯) が使われるが、水俣条約の発効に象徴されるように無水銀を志向する世界的な動きを踏まえて、無水銀の光源を使いたいと考えた。また LED は水銀灯に比べて小型化や特殊な

紫外線 (Ultraviolet rays)
可視光線よりも波長の短い光を紫外線 (UV) と呼び、その波長により UV-A、UV-B、UV-C に分類される。殺菌に用いられているのは、このうち UV-C 波長で、深紫外とも呼ばれている。

形状など装置設計の自由度が高く、使いたいとき
だけ点灯するオンデマンド運転も可能で、小規模
な水処理に適している。

　研究では、複数の家庭で共同利用する集落水道
から各家庭で蛇口ごとに設置する浄水器まで、必
要とされる処理流量に応じて様々な規模を考えて
いる。いずれも流水を処理するので、数秒という
短時間にいかに効率的に紫外線を照射するかが性
能を大きく左右する。

　浄水装置を実際に使用した場合の長期的な性能
変化や生じうるトラブル、利用者の使用感などは、
実験室での研究だけではわからない。そこでこれ
までに、日本の複数の山間集落や東南アジアで実
証試験を実施している。例えば、日本の山間集落
では、公共水道に接続できず、沢水や地下水を利
用した集落水道を使っている場合がある。日々の
運転や維持管理は集落の住民が当番で行うケース
が多いが、住民の高齢化が進むことで消毒用塩素
の補充が滞りがちになるなどの問題が指摘されて
いる。フィリピンの離島集落では、太陽光発電で
UV-LED浄水装置に給電し水を消毒する電源自
立型の給水システムを構築した。このような使い
方は大規模災害の被災地などでも利用可能な方式
だと考えている。

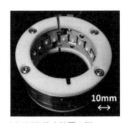
UV-LED浄水装置の例

水俣条約
正式名称は「水銀に関する
水俣条約」。水銀および水
銀化合物による健康および
環境被害を防ぐことを目的
にした国際条約。一般照明
用蛍光ランプ、化粧品、殺
虫剤、体温計などの水銀含
有製品を2020年までに製
造、輸出入を原則禁止する
ことなどが盛り込まれてい
る。

◇ひとことメモ◇
SDGsはとかく途上国の文
脈で語られることが多いが、
その「誰一人取り残さな
い」の理念に照らすと、取
り残されうる地域はまだ日
本国内にも存在する。安全
で安心な水を安定的に供給
する水システムの構築は、
国内・国外の別なく、また
先進国・途上国の別なく、
世界中で重要な課題といえ
る。

プロジェクトのリーダー
小熊 久美子 准教授

所属｜工学系研究科
専門分野｜都市工学
研究テーマ｜浄水技術、水供給システム、環境衛生工学

すべての人々の水と衛生の利用可能性と持続可能な管理を確保する

洪水・干ばつに見舞われるタイに気候変動への適応戦略で協力！

水資源をはじめとする地球環境工学に関する研究

クローズアップ

気候変動による洪水・干ばつに直面するタイ

地球温暖化による気候変動は、開発途上国、なかでもとりわけ貧困層の人々に大きな影響を与えると想定されている。

気候変動の深刻化もあって、タイでは2011年8月から12月にかけてチャオプラヤ川で歴史的な大洪水が発生し、流域に広がる農地や首都バンコクが浸水するなど甚大な被害を被った。一方でタイ東北部は、たびたび干ばつに襲われている。この地域は地下水に塩分が含まれており、干ばつ時に過剰な灌漑を行うと表層土壌に塩類が蓄積されて塩害が起こる。さらに沿岸地域では、海水面上昇による海岸浸食も進んでいる。今後、産業や国民生活に対する深刻な影響が懸念されるが、国民の危機意識は低い。

タイにおけるアジアモンスーンの変動は、日本においても梅雨から秋にかけての降水に強く影響している。タイでの研究は、日本の水資源や水害への対策に生かすことができる。

Project

タイ政府と東京大学は、約30年前に世界的に展開されたユネスコの国際水文学計画をきっかけに、これまで様々な協力事業を行ってきた。現在は、「タイ国における統合的な気候変動適応戦略の共創推進に関する研究（ADAP - T）」として、気候変動におけるリスクを軽減するための適応戦略について、タイ政府に様々な提言を行っている。

タイでは山岳民族のなかでも土地をもたない貧

ユネスコ (UNESCO)
国連の専門機関のひとつである「国連教育科学文化機関」の略称。教育・科学・文化・通信を通じて国際間協力を促進し、世界の平和と安全をはかることを目的とする。

困層が、北部の国立公園の土地を無断で農地に転用しているため、森林面積が年々減少している。これが継続した場合と、対策を施し森林面積を広げた場合との推定河川流量シミュレーション比較を行ったり、遊水地

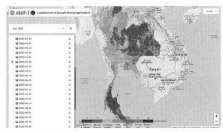

チャオプラヤ川の干ばつリスク情報マップ（ADAP-TのHPより）

の造成場所を提案するなど適切な土地利用への誘導をはかっている。干ばつや塩害被害の多い東北部に対しては、どのような作物を組み合わせれば、被害に対する農家の経済損失を最小にできるかといった提言も行っている。

　現地観測と衛星からの地球観測、数値シミュレーション技術を組み合わせた季節予報に基づいた早期警戒情報なども提供し、貯水池操作の適正化などにつなげている。これらの提案を個々に実施するのではなく、高度に組み合わせて、社会全体の利益を最大化できる適応戦略が構築できると考えている。また政府関係者や研究者、学生などを対象にしたセミナーやワークショップも開催し、気候変動だけでなく、対策の必要性などをともに考える活動も進めている。気候変動に対して、どういった適応策をとれば被害を抑えられ、何もとらなければどんな被害がでるのかがひと目でわかるシミュレータの完成を目標とし、現在はそのプロトタイプの開発・公開をめざしている。

国際水文学計画

水文学とは、地球上の水の状態や変化を、水の循環という視点から研究する、水資源の開発・保全に不可欠な学問。国際水文学計画はユネスコによる政府間共同調査事業のひとつで、質、量ともに困難な状況となった水資源について、その合理的管理のための科学的基礎を国際協力によって提供することをその目的としている。現在の名称は「政府間水文学計画」。

プロジェクトのリーダー
沖 大幹 教授

所属｜工学系研究科
専門分野｜グローバル水文学
研究テーマ｜グローバルな水循環と世界の水資源、気候変動と持続可能な開発

アジアの水道事情を自らの手で
改善できる「中核人材」を育成する！

SDG6達成に向けた国際教育・研究・実装

クローズアップ

アジアの水道事情改善に必要な「人材」育成

世界中には安全に管理された飲料水を利用できない人々が約22億人おり、このうち約1億4400万人は、湖や河川、用水路などの未処理の地表水を使用している。

アジアの発展途上国では都市部を中心に上水道の整備は進んでいる。しかし、予算不足により維持管理が難しかったり、運営ノウハウや人材の不足などもあって、浄水が万全でなかったり、途中で雑菌が混ざったりと様々な問題を抱えている。

日本はこれまでカンボジアやスリランカなど各国の水道分野へ資金協力によるインフラ整備や、専門家を派遣しての技術協力による能力強化などを行ってきたが、その維持・発展に不可欠なのが論理的に課題を解決し、安全で安心して飲める水を持続して提供できる人材を育成することだ。

Project

　世界に誇るサービス水準を達成するにいたった日本の水道開発経験をアジアに伝えるとともに、各国の幹部を育成することを目的に、東京大学とJICAが2018年から共同で行っている留学生受入プログラム「水道分野中核人材育成コース」が本プロジェクトだ。

　留学生は東南アジア、南アジアの国々の水道事業体で働く将来のリーダーとなりうる人材である。毎年4〜5名が来日し、2年間の予定で東京大学大学院工学系研究科の修士過程に在籍し、水道

JICA（ジャイカ。国際協力機構）
発展途上地域に対する技術協力の実施、無償資金協力の実施の促進、開発途上地域の住民を対象とする国民等の協力活動の促進に必要な業務等を行い、これらの地域等の経済及び社会の発展または復興に寄与し、国際協力の促進に資することを目的とする外務省所管の独立行政法人。

行政におけるガバナンスの重要性や水道事業体の運営ノウハウ、日本の水道事業の開発経験などを学び、自分たちの研究を行う。また、地方自治体や民間企業などでインターンシップや工場見学なども行い、日本の現場を体験する機会も設けている。各国の人材が同じ場で学ぶことで、人的ネットワークの構築も期待されている。

留学生が2年間を通じて行うのは課題解決型の研究で、20年に修了した第1期生4名の研究テーマはそれぞれ「カンボジアの都市近郊における民営水道事業者の経営状況の評価」「ラオス国首都ビエンチャン水道公社における職員の労働効率に影響を与える要因」「ミャンマー連邦共和国ヤンゴン市の西部における地下水汚染源の推定」「ヤンゴン市の異なる住居形態における水道メータ損壊による料金収入損失の推定」など、自国の水道事業が抱えている問題とその解決方法だった。

現在は第2期生と3期生計9名が修士課程で研究しており、5期生まで受け入れる予定だ。

また留学生には帰国後もJICA事業を通じてフォローを継続する予定で、各国のリーダーとなる人材を長期的に育成していった結果、現地の水道事業ガバナンスや財政が改善されることで、SDG6の達成につながると期待している。

◇ひとことメモ◇
「水道分野中核人材育成コース」で、アジアの留学生たちは日本の水道についてただ学ぶだけではない。研究を通じて自国の実情と日本の水道開発経験を比較しながら課題を発見し、自国や地域の状況にあう解決方法を見いだして、実践していけるトータルな能力を身につけてほしいと願っている。

プロジェクトのメンバー
風間しのぶ 特任講師、**滝沢 智** 教授

所属｜工学系研究科
専門分野｜環境衛生工学、都市水システム
研究テーマ｜途上国の水と衛生問題に関する研究、アジアの都市水システム

都市を流れる河川の持続可能性とは？
豪雨の都市浸水リスク制御にも貢献！

多摩川等の水質改善ほか

都市河川の問題とは

河川は近隣に住む住人に飲料水や川魚などの食料を提供するだけではなく、人々の憩いの場でもある。しかし、経済が発展し周囲が都市化し人口が増えると、様々な問題が河川に押し寄せはじめる。

ひとつは汚染だ。戦後、法整備による排水規制が不十分なまま急速に工業化が進み、危険な化学物質までが排出され、河川や沿岸域の汚染が進行した。また、下水道の整備が追いつかず、生活排水が処理されずにそのまま川に流された。

汚水に家庭ゴミ、近代化されて以降は洗剤による汚染も加わった。もうひとつの問題は水量の減少だ。人口が増加すると飲料水や生活用水を供給するために、水質の良い上流で河川の水を大量に汲み出すことになる。その結果、中流域では水量が大きく減ってしまう。そこに前述した汚染水が流れ込むことで、さらなる水質の悪化を招くことになる。また、下水道整備が進んでも、処理水が流入してくることにも留意が必要である。

Project

　開発途上国の都市では河川の汚染に悩まされ、それが大きな社会問題となっている。我が国でも、東京都と神奈川県の県境を流れる多摩川の汚染が進み、深刻な自然破壊が続いた過去がある。かつては鮎釣りや水泳、二子玉川辺りでは屋形船が楽しめるレクリエーションの場であったが、1960年代以降の高度成長期、洗剤を含む生活排水の流入により川面が白く泡立つなど水質汚染が

多摩川河川環境管理計画
「多摩川と市民との触れ合いの場を提供する」「多摩川らしさを維持していく」「多摩川らしさを活用する」の3つの基本方針を掲げ、全国に先がけて河川環境の保全と利用のルールを定めたプラン。通称「環管（かんかん）計画」。

深刻化した。

　多摩川の自然を取り戻そうという声が 1970 年頃から高まり、河川管理者の建設省（現国土交通省）が中心となって 80 年に「多摩川河川環境管理計画」を作成した。この計画の特徴は、市民参加型の協働を推進した点だ。また、同時並行的に流域における下水道

調布取水堰の様子（1968年。国土交通省関東地方整備局京浜河川事務所HPより）

の整備による生活排水処理等も進展した結果、河川の水質改善だけでなく、球技場などの人工的空間、自然と親しめる自然型空間、生態系を守る空間など周辺環境もゾーンとして多摩川は整備されてきた。

　本プロジェクトは国際的な流域相互比較研究にとりくんだもので、都市を流れる河川の持続可能性とは何かを明らかにしようとしたものだ。その本質となる点は、河川を流域規模でとらえ、水循環や水利用の状況を理解して、流域における行政、事業者、団体、住民等が相互に連携して活動することである。

　こうした河川流域管理の研究をふまえ、現在は気候変動による局地的豪雨などで高まる都市の浸水リスクに対し、ICT（情報通信技術）を活用した浸水予測精度の向上や、流出雨水を受け入れる河川・下水道を一体管理して効率的で効果的な浸水対策をめざすシステム構築にもとりくんでいる。

プロジェクトのリーダー
古米弘明 教授

所属 | 工学系研究科附属水環境工学研究センター
専門分野 | 都市環境工学
研究テーマ | 都市における水環境管理と浸水解析及び雨天時汚濁解析に関する研究

流域相互比較研究

本プロジェクトは多摩川のほか、米国のアバジョナ川（マサチューセッツ州）、スイスのトス川（チューリッヒ州）がどのようにして環境破壊を克服したか、マサチューセッツ工科大学などと共同で行った。その成果は映像化したDVD "Urban Water – Sustainability in Balance –" として公開されている。
（URL:http://www.env-u-tokyo.jp/2009/02/post-1.html参照）

水循環

水が、蒸発、降下、流下または浸透により、海域等に至る過程。「健全な水循環」とは、「人の活動および環境保全に果たす水の機能が適切に保たれた状態での水循環」をいう。

Goal
7

エネルギーをみんなに
そしてクリーンに

微細藻類からの次世代バイオ燃料で温室効果ガスを削減する！

低CO₂と低環境負荷を実現する微細藻バイオリファイナリーの創出

クローズアップ

水中の小さな藻が有望!? バイオ燃料の可能性

「パリ協定」（2015年）のもとで進む温室効果ガス排出削減の動きの中で、注目が集まるのがバイオ燃料。再生可能な生物由来の有機性資源（バイオマス）を原料に、発酵、搾油、熱分解などによってつくられた燃料のことだ。燃焼の際に二酸化炭素を排出するものの、原料作物の成長過程で二酸化炭素を吸収しているために、その排出量はゼロ（カーボンニュートラル）とされる。

トウモロコシ、サトウキビなど植物由来のバイオエタノール、菜種など果実や種子に油を含む作物（油糧作物）から搾油・抽出した原料油を加工してつくるバイオディーゼル、有機性廃棄物（家畜の排泄物、生ゴミ）などを発酵させてつくるバイオガスが実用化されてきたが、様々な問題があることから世界的な普及には遠い状態だ。そのなかで現在、研究が盛んに進められているのが、油脂生産性の高い微細藻類を原材料にした次世代バイオ燃料だ。

Project

本研究は、微細藻類のうちクロレラやユーグレナ、コッコミクサなどを使ってバイオ燃料と残渣由来機能性物質の製造技術の開発をめざす。微細藻類は、強光下や貧栄養などのストレスを感じると、光合成でデンプンをためる代わりに油脂（オイル）をためる性質がある。この油脂を使ってバイオ燃料をつくる。そのためには、油脂生産性が高く、バイオ燃料以外も低環境不可で有効利用で

◇**本研究について**◇
産学共創プラットフォーム共同研究推進プログラム（OPERA）

科学技術振興機構（JST）が、産業界との協力のもと、大学等が知的資産を総動員し、新たな基幹産業の育成に向けた「技術・システム革新シナリオ」の作成と、それに基づく学問的挑戦性と産業的革新性を併せ持つ非競

きる微細藻の育種と培養方法の技術革新が必要となる。そこで現在、ゲノム編集や重イオンビーム照射によって突然変異を起こさせ、エネルギーとなる油脂をより多くため込む微細藻の培養を行っている。

　そうして変異させたクロレラ3000株から、オイル含有量66％で生産性の高い株の取り出しに成功しており、さらにオイル含有量の高い株の育種と効率のよい培養法の開発に取りかかっている。クロレラが保有するオイルからは、燃料以外にもバターやジャム、植物油などの食品をつくることが可能だ。しかも健康と美容によいとされるオメガ3脂肪酸が含まれている。

　国際航空運送協会（IATA）は、再生可能なバイオジェット燃料への長期的な転換により、2050年までにCO_2排出量を2005年の半分まで削減することを目標としている。本研究では、代替燃料の確保が難しいジェット燃料の微細藻類からの製造をめざすが、まだ大量生産の製造コストが高く、市場で普及するほどの価格で提供するまでに多くの技術ステップが必要だ。健康食品など高価であって一定の需要が考えられるものから、飼料、食料品、バイオプラスチック等の製造技術をともに革新し、一定の利益を出しながら次世代バイオ燃料の製造をめざしていこうと考えている。

争領域での研究開発を通して、我が国のオープンイノベーションを加速する2016年度から開始されたプログラム。本研究はこのプログラムのひとつである。

パリ協定（2015年）
2015年にパリで開かれた国連気候変動枠組条約第21回締約国会議（COP21）で採択された、温暖化防止のための枠組み。21世紀後半に温室効果ガスの排出量を実質ゼロにする目標を掲げ、主要参加国を含むすべての参加国が削減目標を5年ごとに更新することとした。菅義偉首相は、2020年の12月26日、成長戦略の柱として「経済と環境の好循環」を掲げ、2050年までに温室効果ガスの排出量を実質ゼロにすると所信表明演説で表明している。

微細藻類
単細胞を単位とする直径数μm〜数十μm程度の水中にすむ小さな生物。葉緑素をもち、一般の植物と同様に光合成によって、陸上植物とほぼ同等の酸素を生産している。

プロジェクトのメンバー
三谷啓志 教授（プロジェクト領域統括）、**河野重行** 特任研究員（研究開発課題代表者）

所属 | 新領域創成科学研究科（三谷）　フューチャーセンター推進機構（河野）
専門分野 | 放射線生物学、分子遺伝学（三谷）　植物生存システム学（河野）
研究テーマ | 脊椎動物ゲノム安定性維持機構の解明（三谷）　オルガネラの分裂遺伝子と母性遺伝の分子機構および植物性染色体（河野）

すべての人々の、安価かつ信頼できる持続可能な近代的エネルギーへのアクセスを確保する

バランスのとれた思考で「再生可能エネルギー」のあり方を考える！

再生可能エネルギーと公共政策

クローズアップ

再生可能エネルギーをどう位置づけるか？ 難しい「環境と経済の両立」

2050年の温暖化ガス排出実質ゼロを実現するために再生可能エネルギーの役割が注目されるが、その議論や理解が国民の間で深まっていない現状がある。

よく登場する「環境と経済の両立」というキーワードでも、論者によって解釈がまったく異なる。コロナ禍で経済がダメージを受ける中、環境を優先するための負担増が国民的合意を得られるだろうか。重要なのは国民負担を抑制しつつ電力レジリエンス（強靭化）を確保し、そのうえで温暖化ガスを最大限削減できるエネルギーミックスを考えることだ。

再生可能エネルギーについては既存の発電システム（火力や原子力）との対立構造で説明される傾向があるが、完璧なエネルギー源はなく、エネルギー安全保障、経済効率、温暖化防止というエネルギー政策上の課題を同時達成するための手段のひとつととらえることが、何よりも大切だ。

Project

本プロジェクトでは、再生可能エネルギーに対してバランスのとれた知識をもってもらうことを目的に講座を開設している。そこでは、世界および日本のエネルギーミックスの中で、再生可能エネルギーがどういう役割を果たしうるのか、また再生可能エネルギー導入拡大の政策の効果や浮かび上がる課題、個別の再生可能エネルギー（太陽光、風力）の状況などを取り上げている。

2050年の温暖化ガス排出実質ゼロ
二酸化炭素などの温室効果ガスの排出量を2050年に全体としてゼロ（排出量から自然界などによる吸収量を差し引いてゼロとすること）にする、2020年に日本政府が掲げた目標。

講座で重視しているのが多様な視点だ。再生可能エネルギー政策を立案・実施している経済産業省の官僚、再生可能エネルギーの大量導入を期待する太陽光、風力発電事業者、コスト増に警鐘をならす電力中央研究所の研究者など、第一線で活躍している様々な立場の人に声をかけ、話をしてもらっている。

　再生可能エネルギー導入拡大を阻害している要因やその打開策を考える一方、再生可能エネルギーの更なる拡大に伴うコスト増をどう抑えるのか、負担をどう分担するのかといった点も議論している。再生可能エネルギープロジェクトに融資する側がどのような点に着目しているのか、実際に政策投資銀行の幹部などから話を聞くこともある。様々な視点から再生可能エネルギーをとりまく状況をバランスよく考えられるようになることが重要で、卒業後、省庁や金融機関、民間企業、シンクタンクなど様々な分野で働く学生たちが、それぞれの場所で再生可能エネルギーにかかわったときに役立てばと思っている。

　また有識者よりなる研究会において再生可能エネルギー利用の増大による産業波及効果、再生可能エネルギーのコスト低減の見通し、2050年の脱炭素化に向けたコスト最小なエネルギーミックスの中で再生可能エネルギーが果たす役割等も研究している。

プロジェクトのリーダー
有馬 純 教授

所属｜公共政策学連携研究部
専門分野｜公共政策
研究テーマ｜エネルギー環境政策

再生可能エネルギー
石油や石炭は一度燃焼してしまうと再生不可能なため枯渇性エネルギーと呼ばれるのに対し、太陽熱やバイオマス（生物由来）、風力・波力などは地球の自然環境においてくり返し生起するため、再生可能エネルギーと呼ばれる。

エネルギーミックス
社会全体に供給するエネルギーを石油、石炭、天然ガス、原子力、再生可能エネルギー等を組み合わせてまかなうこと。電力分野でのエネルギーミックスを日本語で「電源構成」ともいう。

電力中央研究所
電気事業に関する研究開発を行う9電力会社の共同研究機関（一般社団法人）。

革新的な「発火しない」蓄電池で電気自動車時代に貢献！

安全・安心な高性能蓄電池の社会実装に向けた材料開発

クローズアップ

これからますます重要！電気をためる技術の課題

欧州各国が2030年〜40年にガソリン・ディーゼル車の販売を禁止する中、日本政府も2030年代半ばにガソリン車の新車販売を禁止する方針を打ち出した。大手自動車メーカーも電気自動車の開発をこれまで以上に進めるなど、世界的にガソリン車から電気自動車へというシフトが進んでいる。

また太陽光発電を屋根に設置する家庭が多くなり、発電した余剰電力を蓄電池にためる動きも増えてきている。電気自動車と太陽光発電が普及する中で蓄電池の需要が増大すると考えられるが、いくつかの問題点が指摘されている。

ひとつはコスト面。従来からあるガソリン車に比べると電気自動車の割高感は拭えない。その最大の原因は、蓄電池がまだまだ高価であるからだ。家庭用蓄電池の販売が太陽光パネルほど伸びないのもそれが理由だと指摘されている。

また短絡（ショート）すると発火するため、火災事故の危険性がある。

Project

　高性能で安全な大型蓄電池による電力貯蔵は、エネルギーの有効利用による持続可能な社会の実現に不可欠な技術だ。本プロジェクトは材料を一から見直すことで、より安全で安価な蓄電池を開発することを目的とする。開発にあたっては、技術的に可能であるということだけでなく、世の中に求められていること、つまり製品化した際に需要があることを重要視している。また、今あるも

のに少し改良を加え、単に性能を向上させたり価格を下げるというのではなく、現状をブレイクスルーできる革新的な蓄電池をめざしている。

蓄電池が高価な理由のひとつに、原材料の高さがある。電極の主材料であるリチウムやコバルトはレアメタル（希少金属）とされ、埋蔵量が少ない上に産出国が偏っている。特にコバルトは産出量の約半分をコンゴ民主共和国が担っているため、政情不安や資源ナショナリズムから安定供給への懸念が常につきまとう。電気自動車が普及すれば大量生産により価格が下がると考えられているが、むしろ反対に材料費が高騰する可能性もある。

そこで資源戦略から考え、より豊富にあって手に入れやすく、安価で同じ機能をもたせられる材料に転換させるべきだと考える。リチウムの代わりにナトリウムを、コバルトの代わりに鉄を電極の材料に使う。これが実用化できれば安価に製造できるだけでなく、材料の安定供給も実現する。

リチウムイオン電池の火災事故リスクについても、原因となる可燃性の電解液を、消火性電解液に置き換えることをめざしている。発火の危険防止対策の必要がなくなれば、価格をさらに安くしつつ、高性能化することも可能になるのだ。

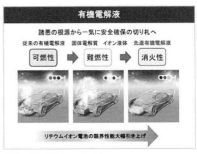

本プロジェクトのイメージ

リチウム
アルカリ金属元素のひとつ。金属中最も軽く、水と反応し水素を発生する。リチウムイオン電池の主材料で、リチウムイオンが正極と負極を移動することで放電と受電を行う。元素記号はLi。

コバルト
鉄族元素のひとつ。リチウムイオン二次電池の正極材に用いられる。強磁性で、永久磁石に用いられる。また、合金材料としての需要も多く切削工具や耐磨工具に利用されている。元素記号はCo。

プロジェクトのリーダー
山田淳夫 教授

所属｜工学系研究科
専門分野｜無機工業材料、蓄電デバイス関連化学
研究テーマ｜エネルギー貯蔵変換材料の設計と機構解明

低コストで長寿命
脱炭素に不可欠な革新的「燃料電池」を！

安定かつ経済的なエネルギーシステムを実現する研究

クローズアップ

高効率で普及が期待される 「固体酸化物形燃料電池」とは？

2050年の脱炭素社会実現に向け、再生可能エネルギーとあわせて注目されているのが燃料電池だ。

現在開発されている燃料電池の中で最も発電効率がよいのが、家庭用燃料電池エネファームでも使われているSOFC（固体酸化物型燃料電池）だ。セラミックスで構成され、触媒にレアメタルが不要であり、700〜900℃という高い発電温度のため、その廃熱を利用してタービンを回し二次的な発電もできるといった長所がある。エネファームでは都市ガスを燃料としているが、水素やアンモニア、メタノール、合成燃料などでも発電は可能である。電力が必要なときにすぐにつくれることから、発電量が不安定な再生可能エネルギーの補完や、災害時における非常用電源としての活用も期待されている。再生可能エネルギーの余剰電力を使って、水や二酸化炭素を電気分解して水素や一酸化炭素を製造することもできる。

ほかにも高効率なので燃料が減らせるためドローンやバスなどの動力源としての開発、研究も進められている。

Project

　SOFCは、発電効率の高さなどメリットも多いが、その一方で0.7kWのシステムで現在はまだ100万円という高コスト、耐久性の向上といった課題が残されている。このプロジェクトで行っているのはSOFCの高性能化と低コスト化のための研究だ。具体的には、システムとそれを構成するセルや電極の階層的な設計技術の高度化をめ

燃料電池

電池は化学反応を電子を受け取る反応と電子を放出する反応に分けることで、化学反応から直接電気を発生させる。燃料電池は、燃料を流し続けることで継続して発電できる装置。通常の発生では石炭や石油などの燃料を燃やした熱で水を沸

ざしている。

　そのために現在、発電時に電極の素材であるセラミックスがどのような変化をし、劣化につながっているのかの計測・分析にとりくんでいる。ナノレベルのミクロな構造を三次元で観測できるFIB-SEM（集束イオンビーム走査型電子顕微鏡）を用いた計測により、発電時には電極に含まれるNi（ニッケル）やイットリア安定化ジルコニア（YSZ）サーメットが複雑な動きをしていること、それにより劣化が起こっていることが判明した。こうして得られた知見から、より高性能で劣化の少ない電極の構造をシミュレートするとともに、発電時の劣化が少ない電極の開発をめざしている。

　また、発電とは逆に電力を投入すれば、固体酸化物形電解セル（SOEC）として水や二酸化炭素から水素や一酸化炭素、そしてそれらからさらにアンモニア、メタン、メタノールといった合成燃料をつくることができる。将来的には投入する電力に太陽光発電や風力といった再生可能エネルギーの余剰電力を利用すれば、カーボンニュートラルな燃料を製造することができる。そうしたSOECの開発や、SOFCが発電時に出す排熱を利用して、蒸気タービンを回して効率的に二次発電を得るといった研究も並行して行っている。

騰させ、発生した蒸気で発電機を回して電気をつくるが、燃料電池は化学反応（化学エネルギー）から直接電気をつくる。

FIB-SEM（集束イオンビーム走査型電子顕微鏡）)
集束したイオンビームを試料に照射し、加工や観察を行うFIBと、微小な表面構造を鮮明に観察することができるSEMを組み合わせた装置で、非常に微細な三次元構造を観察することができる。

固体酸化物形電解セル（SOEC）
水素を使った燃料電池自動車などが実用化されたが、燃料の水素を製造する際に二酸化炭素の排出をともなう点がネックとされている。固体酸化物形電解セルは再生可能エネルギーの電力から高効率に水素を製造できる将来のエネルギー技術として期待されている。

プロジェクトのリーダー
鹿園直毅 教授

所属｜生産技術研究所
専門分野｜熱エネルギー工学
研究テーマ｜固体酸化物形燃料電池電極の研究

自然エネルギー×ミニグリッドを アセアンの無電化地域へ！

アセアンにおける持続可能な電力政策

クローズアップ

世界にいまだ8億人 無電化地域の問題とは？

世界で電気のない生活をしている人の数は、日本の人口の7倍にあたる約8.6億人にのぼる（2018年。エネルギー白書2020）。その多くが、サブサハラ（サハラ砂漠以南）、アフリカや南アジアに集中している。

無電化がもたらす弊害は、第一に日々の生活における様々な不便さがある。さらに夜は明かりがなく勉強ができないため、都市生活者と比べて教育格差が生じ、特に掃除や洗濯などを担う女性の教育がおろそかにされがちだ。

またレントゲンといった機器が使えないことから、低水準の医療しか受けられないといった問題もある。

テレビや電話もなく情報の入手も遅れるなど、都会生活者との情報格差も大きいため、それが生活や教育水準の低さにつながっている。

Project

　本プロジェクトは、国際機関 ERIA（東アジア・アセアン経済研究センター）からの支援を受けて、ミャンマーの無電化集落に電力を提供する方法をアドバイスするのが目的だった。

　プロジェクトがスタートした2013年時点で、ミャンマー国内の電化状況は人口比でわずか20%台。国民の7割以上が電力の恩恵を受けられておらず、アジアでも最低レベルであった。電力が使えたのは首都ネピドーと最大の都市ヤンゴン周辺などに限られ、しかも供給が不安定なため

ERIA（東アジア・アセアン経済研究センター）
東アジア経済統合の推進を目的として、政策研究・政策提言を行う国際的機関。アセアン加盟10カ国、日本、中国、韓国、インド、オーストラリア、ニュージーランド16カ国の研究機関と密接に連携しながら、「経済統合の深化」「経済格差の是正」「持続的経済発展」を主要な3つの柱として地域の政策研究を行っている。

停電が頻繁に発生していた。こうした状況下で有効な手段として考えられたのが、集落に自然再生エネルギーを中心としたミニグリッド（独立電源）をつくる方法だった。

太陽光発電などだけでは天候に左右され安定供給が難しいことから、集落の立地を勘案しつつ、ディーゼル発電や小水力発電、太陽電池、蓄電池などを適切に組み合わせるかたちで提案した。また同時に、現地政府関係者らとどうやって電化を進めていくのかについて意識の共有もはかった結果、政府側が「村落開発基金」を創設し、集落がミニグリッドを構築するための初期費用を政府が負担するしくみが実現した。

並行して人材育成の支援も行い、国会議員と政府職員を対象として、エネルギーに関する基礎的知見、バランスのとれたエネルギーミックスの考え方（3E+S）、エネルギー政策に関する法体系など、政策立案に欠かせない知見などの提供も行った。現在、国全体の電化率は50％を超えるところまで改善している。

ミャンマーでの経験を踏まえ、今はアセアン（東南アジア諸国連合）レベルの、自然エネルギーによる電力の展開にとりくんでいる。

ヤンゴン近郊に設置された太陽光発電ミニグリッド

3E+S
エネルギーの安定供給（Energy Security）、経済性（Economical efficiency）、環境（Environment）の三つに、安全（Safety）を加えた、国家のエネルギー政策の基本となる概念。

アセアン（東南アジア諸国連合）
ASEAN（Association of South-East Asian Nations）。1967年に設立された地域協力機構。現在はタイ、インドネシア、マレーシア、フィリピン、シンガポール、ブルネイ、ベトナム、ラオス、ミャンマー、カンボジアの10カ国が加盟。

プロジェクトのリーダー
坂田一郎 教授

所属 | 未来ビジョン研究センター、工学系研究科
専門分野 | イノベーション政策、社会システム論
研究テーマ | 電力システム

再生可能エネルギーの導入拡大を後押しする新しいしくみに挑戦！

持続可能な再生可能エネルギー電源活用のためのシステム研究

クローズアップ

電力の安定供給に影響？再生可能エネルギー拡大のネックとは

日本政府は2020年、温室効果ガスの排出を2050年までに実質ゼロ（脱炭素社会の実現）にすると表明し、同年の再生可能エネルギーの総発電量に占める割合を50～60％に拡大する「グリーン成長戦略」を打ち出している。

しかし、太陽光発電や風力発電は発電量が自然条件に依存するため、これらが既存の電力系統に大規模に導入された場合、電力の安定供給に影響が生じる可能性が指摘されている。

電力の安定供給が崩れると、電気の品質のひとつである周波数（東日本50Hz・西日本60Hz）を正常に保てなくなり、最悪の場合には、大規模停電を招く危険性も指摘されている。

風力を中心とした再生可能電源の大規模導入が進むヨーロッパでは、需給バランスを調整するための対応が本格化しつつある。例えばドイツでは風力発電の余剰電力を地域間で融通したり、出力を抑制するといった方法が試みられている。

Project

このプロジェクトは、NEDO（新エネルギー・産業技術総合開発機構）事業の一環として、東京電力などとともに、風力・太陽光発電といった再生可能エネルギーの出力を予測しつつ、既存の電力設備と蓄電池、それにヒートポンプなどの需要家設備が協調して制御することで、再生可能エネルギーを最大限に受け入れる系統システムを構築・評価していくことを目的としている。

NEDO（新エネルギー・産業技術総合開発機構）

産官学の連携により新エネルギー技術、省エネルギー技術の開発において国内で中核的な研究推進母体となる国立研究開発法人。2度のオイルショックを機に1980年に設立された新エネルギー総合開発機構を前身とする。

実証試験として、海底ケーブルで連系しひとつの系統として運用している離島の新島・式根島（東京都）に、再生可能エネルギーによる発電量が総発電量の24%程度となるよう太陽光発電設備と風力発電設備を設置した。需要に対する再生可能エネルギー電源の変動が2030年の想定となるよう風力発電の比率を高くしている。また蓄電池や村営温泉に設置したヒートポンプ、電気自動車用充電器など需要家側のエネルギーリソースも複数設置した。

こうした設定下で、風力・太陽光発電の電力量が需要を上回った場合に蓄電池に充電するなどする「余剰対策制御」（長周期変動対策）、天候や風速の急変によって短い時間のうちに発電量が変動した場合に蓄電池などでバランスをとる「変動緩和制御」（短周期変動対策）、風力・太陽光発電と蓄電池や既存電力設備を組み合わせて再生可能エネルギーを無駄なく使うための効果的な需給運用ができるシステムなどの開発を行っている。

最終的には、翌日の需要予測や再生可能エネルギーの出力予測を立てて、どのような組み合わせで発電すればコストが最小になるかを計算したうえで、バランスよく安定的に電力を供給していけるシステムの構築をめざしている。

ヒートポンプ
少ないエネルギーで、温度の低い物体から高い物体へ熱を移動させる装置。おもに住宅やビルの冷暖房や給湯、冷蔵・冷凍庫などに利用されている。

プロジェクトのメンバー
横山明彦 教授、**馬場旬平** 准教授

所属｜新領域創成科学研究
専門分野｜先端エネルギー工学
研究テーマ｜再生可能エネルギー電源大量連系系統の制御

戦略構築と人材育成で2050年の「脱炭素社会」実現に寄与する！

エネルギーと環境の課題の同時解決に向けたエネルギーマネジメント

クローズアップ

世界と日本がめざす2050年の温室効果ガス排出「実質ゼロ」

2020年、菅義偉首相は所信表明演説で温室効果ガスの排出量を2050年に実質ゼロ（カーボン・ニュートラル）にするという目標を掲げた。すでに欧州各国など世界約120カ国が「50年実質ゼロ」を表明している。これまでは温室効果ガスの排出を少なくする低炭素社会が目標とされていたが、現在は世界中が脱炭素社会をめざす方向へ大きく舵を切っている。

日本はこれまで実質ゼロにする年限は明確にせず、「2050年に80％削減」という目標の下で「エネルギー基本計画」を策定していた。電源構成については2030年度に再生可能エネルギーを22％から24％、原子力発電を20％から22％、火力発電は56％程度とする内容であったが、2050年にカーボン・ニュートラルを達成するためには計画の大きな見直しが進みつつあり、経済界も含めた議論や新しいとりくみが求められる。

Project

　本プロジェクトは、政府が掲げた2050年の脱炭素社会実現に向けて、その達成をサポートできる総合的なエネルギーマネジメント戦略を構築・提言するとともに、脱炭素社会を第一線で支える人材を育成することを目的としている。

　その核となるのが、パナソニックやトヨタ、東京ガスなどの民間企業と共同で19年に創設した「東京大学サステイナブル未来社会創造プラットフォーム」だ。

カーボン・ニュートラル
排出される二酸化炭素を主とする温室効果ガスと、それを植物が吸収する量が等しいこと。温室効果ガスの排出量の実質ゼロとは、温室効果ガス排出を削減するだけでなく、排出するガスを回収することや、排出権の購入や植樹によって相殺するなどして差し引くことも含まれる。

脱炭素社会で経済成長を続け、社会システムを創造・維持・発展させるためには、環境とエネルギー問題の解決が不可欠となる。それにはまず、現状のエネルギーシステムや社会基盤がどうなっているかを把握することが重要になる。次に大事なのが、日本がめざす将来の姿の明確化だ。様々な情報と角度から分析してめざすべきモデルをつくり、それと現状との差異を徹底的に洗い出して、解決方法を探っていく必要がある。

大切なのは現状から可能な未来を思考するのではなく、まず目標とする未来を描き、そこから振り返って今何ができるかを考える「バックキャスト」の思考法だ。

企業にとっても、ESG 投資や RE100 といった世界的な動きが活発化しているだけに、脱炭素社会への転換は、電力会社や自動車メーカーだけの問題ではなくなっている。社会全体の変革が必要で、そのための人材育成も大切だ。これからの学生こそが脱炭素社会へと推進、実現させていく将来の人材だと考え、東京大学では教養学部教養教育高度化機構に設置した「環境エネルギー科学特別部門」を中心に教育を進めてきたが、2019 年からはあらたに「SDGs 教育推進プラットフォーム」を創設し、SDGs 関連分野についても幅広く技術や政策動向などの教育を行っている。

東京大学サステイナブル未来社会創造プラットフォーム
環境とエネルギーの問題は個別にアイデアを出すだけでは解決につながらない。それは幅広い未来社会をデザインするなかで解決すべきとする構想のもと、非競争領域のオープンイノベーションでサステイナブルな社会をつくりだす試みとして部局連携のもとに先端科学技術研究センターに事務局を置いて発足した。

ESG投資
従来の財務情報だけでなく、環 境 (Environment)・社 会 (Social)・ガバナンス (Governance) 要素も考慮した投資のこと。気候変動などを念頭においた長期的なリスクマネジメントや、企業の新たな収益創出の機会（オポチュニティ）を評価するベンチマークとして、国連持続可能な開発目標 (SDGs) とあわせて注目されている。

RE100 (Renewable Energy 100%)
事業運営に必要なエネルギーを100%、再生可能エネルギーでまかなうことを目標とする国際的なイニシアティブ。欧米を中心に様々な企業が参加しており、日本では2020年12月時点で製造業、流通業、建設業など43社が加盟している。

プロジェクトのリーダー
瀬川浩司 教授

所属 | 総合文化研究科広域科学専攻、工学系研究科化学システム工学専攻、先端科学技術研究センター
専門分野 | 光化学、電気化学、エネルギー科学、環境科学
研究テーマ | 高性能の次世代太陽電池の研究開発

環境負荷の少ないシェールガス採掘法を確立する!

環境調和型エネルギー資源開発工学（JX石油開発）

クローズアップ

シェールガス革命と環境問題

これまで技術的、経済的に採掘が難しいとされてきたシェールガス（オイル）が、2006年以降の技術革新により米国で比較的安価にできるようになった。これにより世界のエネルギー供給バランスが大きく変わり、「シェールガス革命」とも称された。

シェールガスの採掘には、おもに地下の岩体に超高圧水を注入して亀裂を生じさせるフラッキング（水圧破砕法）という技術が使われ

る。採掘に使われたフラッキング水は再び地中に圧入処分されるが、これが地下水を汚染したり、地下の断層に大量に流れ込むことで地震が誘発されるという報告もあり、環境に与える影響への懸念も強まってきている。

2020年の米大統領選においても、民主党のバイデン候補が新規のフラッキングを禁止する意向を示すなど、大きな争点のひとつにもなった。

Project

　しばしば問題視されるようになったシェールガスの採掘における環境負荷だが、これをできるだけ小さくしながら、採掘を拡大継続していくための開発手法論の構築をめざしたのがこの研究だ。

　環境への影響から、シェールガス採掘に何らかの制限をかけようとする意見は少なくない。しかし、安定供給可能なエネルギーは現在の我々の生活を支えるうえでなくてはならないものだ。制限をかけるのではなく、環境負荷の小さな採掘方法

シェールガス（オイル）

地中の頁岩（シェール。泥などが堆積してできた堆積岩の一種）に貯留される天然ガス。経済的コストに見合う採掘方法がなく利用されてこなかったが、米国で技術が確立。米国は世界最大の天然ガス生産国となった。一方、頁岩層に含まれる原油のことをシェールオイルという。

を考案・実現することで、解決をはかるべきだと考える。

　シェールガスは地下 2000m 以深という地中深くに存在し、非常に緻密な頁岩層に含まれるため、従来の手法では採掘が困難である。十分な生産量を得るためには、必然的に多くの坑井を掘削し、フラッキングを施す必要が生じる。その結果、環境への負荷が増大してしまうのである。

　坑井の数や掘削場所、またフラッキングの仕様などを決めるには、多角的な情報に基づいた意思決定プロセスが重要となる。ここで、情報はすべて等価値なわけではない。情報には精度の高低や、事象との関連度合いなどの差異があり、意思決定に当たっては、それらを適切に取捨選択することが肝要だ。この研究では、情報の「価値」を工学的な視点から定量評価できるよう試みている。これにより坑井の数を最少化し、フラッキングで地中にかかる圧力を小さくするなど、環境攪乱を抑えられるようになる。

　この寄付講座を開講した JX 石油開発は現在、地球温暖化の原因とされる CO_2（二酸化炭素）を地中に貯留させる CCS とエネルギー開発を両立する技術（CCUS）の実用化に向け、研究開発を国際連携で進めている。

フラッキング（水圧破砕法）
地下の岩体に超高圧の水を注入して亀裂を生じさせる手法。特殊な砂や化学物質を添加した水が使われるため、地下水の汚染や大量の水使用による地域の水不足の可能性、地震発生の危険性などが指摘されている。

CCS (Carbon dioxide Capture and Storage)
二酸化炭素回収貯留の意。工場や発電所などから排出される二酸化炭素を大気放散する前に回収し、地下へ貯留する技術。

プロジェクトのリーダー
佐藤光三 教授

所属｜工学系研究科
専門分野｜地球・資源システム工学
研究テーマ｜持続型炭素循環システム

「人工光合成」を使って
悪者の二酸化炭素を「資源」に変える！

人工光合成

クローズアップ

究極の未来エネルギー？ 「水素社会」の課題とは

脱炭素に各国が舵を切る中、有力な選択肢として浮上しつつあるのが水素をエネルギーキャリアとする「水素社会」だ。使用時に二酸化炭素を排出しないため環境負荷が極めて低く、質量当たりのエネルギーが非常に大きい。水素は水（H_2O）などの化合物として、地球上に普遍的に存在しており、効率的に分解反応が行われれば究極のエネルギー媒体になる可能性を秘めている。

水素は燃料電池自動車（FCV）やロケット燃料として注目されているが、すでにアンモニア肥料や合成樹脂、油脂硬化、半導体加工、光ファイバーなど化学工業、金属加工や食品分野などで広く利用されている。

現在は主に天然ガスなどの化石燃料から水素を製造する方法が用いられているが、製造段階で多量の二酸化炭素を排出することが問題になっている。太陽光など再生可能エネルギーを利用して水素を製造する技術の確立が求められる。

Project

　水素の製造法として現在、注目されているのは光触媒を用いて太陽光を利用した水分解反応である。太陽光を吸収し、一段で水を酸素と水素に分解することから「人工光合成」と呼ばれることもある技術だ。現在はまだ基礎研究段階だが、光触媒の高効率化が格段に進んでおり、実用化に向けて着実に革新している分野だ。

　この研究に関して堂免一成特別教授がリーダー

エネルギーキャリア
エネルギー担体ともいう。エネルギーを担う化学物質をさし、その製造から輸送・貯蔵・利用を含めた技術をエネルギーキャリア技術ともいう。

を務めるプロジェクト「可視光照射下において水を水素と酸素に分解する高効率光触媒系及びプロセスの開発」が進行中である。これは太陽光から光触媒を利用して水素を製造するプロセスの開発だ。

　同プロジェクトでは粉末状の光触媒を材料とした光触媒シートを開発しており、この光触媒シートを使うことで太陽光の 1.1% を水素エネルギーに変換することができるようになった。さらに効率を上げられるよう研究を進めている。

　地球温暖化対策としては、二酸化炭素の排出を減らすことと同時に、工場などから排出した二酸化炭素を固定化しようという動きがある。固定化した二酸化炭素を地中に埋めるといった研究（CCS。CO_2 回収・貯留）も進んでいるが、本研究では上記の光触媒を用いて製造されたクリーンな水素を使って、固定化した二酸化炭素を還元して有益な化成品などをつくるカーボンリサイクル技術の開発を進めている。この方法により、まずエチレンやプロピレンといった石油化学製品の基礎原料を製造する研究が進んでおり、プロセスが完成すれば太陽エネルギー由来の再生可能化成品合成が現実となる。

水素社会

水素をエネルギーとする社会のこと。2017年に閣議決定された「水素基本戦略」では、2050年の水素社会実現を視野に入れた2030年までの行動計画を策定し、従来エネルギー（ガソリンやLNGなど）と同等程度の水素コストを実現するとしている。

光触媒

光を照射することにより触媒作用を示す物質のこと。代表的な光触媒の材料としては、酸化チタンがよく知られている。有機物や細菌を分解することが可能なことから、抗菌・除菌などに利用されている。

プロジェクトのメンバー
堂免一成 特別教授、**高鍋和広** 教授

所属｜特別教授室（堂免）、工学系研究科（高鍋）
専門分野｜触媒化学
研究テーマ｜水分解用光触媒の開発

電力の需給バランスで見過ごされてきた「需要側モデル」を開発する!

エネルギー需要を科学する

クローズアップ

なぜエネルギーの「需要側モデル」が必要なのか?

脱炭素社会を実現し、2050年に二酸化炭素排出実質ゼロをめざす中で、自動車や調理などあらゆるものが電化されていくことになる。それにともなって電力消費が増大することが予想される。だが電気は大量に貯蔵できないため、常に需要に合わせ供給を調整する「同時同量」が求められる。

これまで電力の需給バランスは、供給側が季節や天候、時間帯から需要を予測し供給量を調節するという供給サイドから考えることが普通だった。

一方、電力を含むエネルギー需要を考えることは今後の電力の安定供給において重要なテーマだが、これまで重視されず、研究対象とされることも多くなかった。しかし、気候や時間帯によって発電電力量が変動する再生可能エネルギーの割合が増加し、安定供給の難しさが指摘される中、需要側の役割に注目が集まっており、エネルギー需要を分析し管理・調整することが必要になってきている。

Project

このプロジェクトでは、需要を管理することが重要であるという観点から、一般家庭や業務用建物などにおける①電力(エネルギー)需要の現状を調べ、②経済的で効率的な電力使用のモデルを構築し、③将来の需要構造を描くことで、再生可能エネルギーを含む電力システムの安定に貢献する需要応答(デマンドレスポンス)の効果を検証することを目的に、大阪大学の下田吉之研究室との合同

で研究している。下田研究室では、単身世帯や4人世帯といった家族構成別にいつ、どんな機器でどれだけの電力やガスなどのエネルギーを使っているかを再現する需要モデルを開発し、実際のデータと比較しながら検証を行っている。

　一方、東大ではこの需要モデルを使ってデマンドレスポンスを評価するためのツールを構築し、電力系統全体への影響評価、需要家サイドの経済性評価を行っている。例えば、オール電化住宅ではエコキュートでお湯をつくる場合、現在は電気の単価が安い夜間に行っている。夜間は電力消費が少なく、余剰電力が生まれているからだ。しかし、太陽光発電が増えれば発電量の多い昼間に余剰電力が生まれることから、エコキュートの稼働を夜から昼へとシフトしたほうが需給バランスがとれるようになる。太陽光発電の導入量が大きく、日照時間の長い九州地方では、特に有効である。

　また、これまでに、HEMS やスマートメータを用いたデータ分析も数々行っている。2018 年からは、高齢者世帯 2000 戸を対象にスマートメータデータを用いて、電力の使われ方を調査している。高齢者世帯は、若い世帯に比べて在宅時間も長く、習慣的に無駄に消費されている電力利用が生じていることもしばしば見受けられるため、データをもとにしながら、どうアプローチすれば使い方を見直してもらえるかの研究も行っている。

プロジェクトのリーダー
岩船 由美子 特任教授

所属｜生産技術研究所エネルギーシステムインテグレーション社会連携研究部門
専門分野｜エネルギーデマンド工学
研究テーマ｜エネルギー需要科学

エコキュート
正式な名称は「自然冷媒ヒートポンプ給湯機」。小電力で大気の熱を高温にするヒートポンプ技術を使った給湯機。

HEMS
Home Energy Management System の略。電気の使用量を計測し、稼働状況をモニター画面などで「見える化」し、電気の使用状況を把握することで、消費者自らがエネルギーを管理できるようにするシステム。

Goal

8

働きがいも
経済成長も

長時間働けなくても大丈夫！
障害者にやさしい雇用を創造する

多様な人々の雇用参加を可能にする
新しい働き方の創出研究プロジェクト（略称 IDEA）

クローズアップ

働きたくても働けない？
障害者の雇用状況

日本全国で身体障害者、知的障害者、精神障害者は合計で約350万人だが、そのうち就労しているのは約56万人に過ぎない（2019年時点）。日本では、障害者雇用促進法によって民間企業の障害者の法定雇用率は2.3％と決められており、「従業員43.5人に1人」の割合で障害者を雇用する義務がある。しかし、法定雇用率を満たしている企業の割合は50％に満たないのが現実だ。

障害者を雇っていても、法定雇用率を達成することだけが目的になりがちで、障害のある人々にディーセント・ワーク（働きがいのある人間らしい仕事）を実現することが後回しになっているケースも散見される。また法定雇用率が、週20時間以上の労働をしている障害者を対象にしているため、何らかの事情でそれ以下の時間しか働けない障害者はカウントされず、この法律の枠組みから弾かれてしまい、働きたいのに働けない人が数多くいると考えられている。

Project

このプロジェクトでは、障害や病気などを理由として長時間働くことが難しい人々に、非常に短い時間からでも、一般企業で働ける機会を生み出すことを目的としている。そのために「超短時間雇用モデル」という新しい雇用のしくみづくりに、企業や自治体と連携してとりくんでいる。

障害のある人々は、当然ながら、できることや得意なことが様々ある。しかし同時に、障害を理

障害者雇用促進法
正式名称は「障害者の雇用の促進等に関する法律」。障害のある人の職業の安定を実現するためのとりくみを定めており、事業主が障害者を雇用する義務や障害者の自立のために職業指導、職業訓練、などを受けることができる職業リハビリテーションの推進などを定めている。

由として非常に不得意なことが何かしら存在している。そのため入社する前にどのような仕事をするのかができるだけ詳しくはっきりと決まっていないと、自分に向いた仕事かどうかを判断することが難しい。また現在は、短い時間しか働けない人は、一般企業に就労することが難しく、福祉的な施設での就労に選択肢が限られがちだ。法定雇用率の規定にとらわれず、一般企業にも週あたり数十分や数時間程度からでも障害者が働ける機会があれば、働き方の選択肢が広がる。

しかし、日本の企業では、労働者が採用されるときには、入社後にその企業の中でどのような職務を果たすのかがはっきりと決まっておらず、どこかの部署に配属された後に、あれこれと様々な仕事をすることが求められる傾向がある。また、障害者の雇用でも、労働時間が長く（週20～30時間以上）、年間を通じて安定して働くことが企業から期待されることが一般的だ。そこでこのプロジェクトでは、企業の中で、超短時間で、かつ特定の職務を行うことだけが求められる仕事を生み出すための新しい職務定義の技術や方法を開発したり、自治体の中で、短い時間で働くことを必要としている障害者と、一般企業での超短時間雇用とを上手にマッチングして、就業や職業生活をサポートする地域システムを開発・実装している。

プロジェクトのリーダー
近藤武夫 准教授

所属｜先端科学技術研究センター
専門分野｜心理学、特別支援教育、支援技術
研究テーマ｜障害者の高等教育や就労への移行支援

◇**ひとことメモ**◇
ソフトバンク株式会社は、超短時間雇用のしくみを社内制度として最初に実現した企業だ。また、川崎市や神戸市などでは、超短時間雇用にとりくむ企業とその職務を開拓したり、超短時間で働くことを希望する障害者と企業とをマッチングすることにとりくむ公的なしくみをつくっている。このプロジェクトでは、共同研究契約等に基づいてこうした企業や自治体と連携し、超短時間雇用を実現する研究と実践を行っている。
これまでに120社以上で超短時間雇用の実践がはじまり、200名以上が働いている。少子高齢化で人手不足に悩む中小企業や、多様な人々がともに働ける社会づくりに貢献したい企業が中心になって、超短時間雇用が進んでいる。

異なる法制度の相互理解から
日中金融資本市場を活性化させる！

アジア法教育プロジェクト（金融資本市場）

クローズアップ

中国への進出企業を悩ませる問題とは？

著しい経済成長により米国に次ぐ世界第2位の経済大国となった中国。それにともない日中間の経済交流も年々盛んになっている。2019年の貿易額は輸出入合わせて約3039億ドルと、約857億だった00年から4倍近く増え、日本にとって中国は最大の貿易相手国となった。中国にとっても、日本は米国に次ぐ第2位の貿易相手国だ。日本の対中直接投資も、18年には1349億7000万ドルと過去最高を記録している。

中国へと進出する日本企業も製造業や小売業のほかに不動産業や金融保険業など、20年時点で約1万3600社に上る。最も進出社数が多かった12年（1万4394社）からは若干減少しているものの、高い水準を保っている。
その一方で、著作権や商標問題に代表されるように、日中間で法制度の違いからトラブルが生じたり、商法などの条文解釈や運用の実態が不透明なことで、円滑な商取引を妨げていることがある。

Project

　東京大学と精華大学（中国・北京）が共同で、様々な観点から両国の会社法制や資本市場法制の理解を深めるとともに、相互の発展に貢献することができる研究者・法曹界の人材を育成するための教育を行うのが本プロジェクトの目的だ。
　中国の法体系は日本と異なる部分が多いため、法律の運用面や条文の解釈に多くの企業が戸惑う。現地の企業法務に詳しい弁護士に聞いても、条文

精華大学
北京市にある総合大学。米国留学をめざす学生が集まる「清華学堂」として1911年に創立された。理学、工学、文学、芸術学、法学、医学などの幅広い学部を有し多くの人材を輩出している。世界大学ランキング2019でアジアトップの22位にランキングされた。

通りのことをいわれるだけで要領を得ないことも多い。各企業は法律的な問題があると、最終的に中国政府に確認を取るかたちで活動しているのが現状だ。しかし、それでは個々の事例に対処しているだけで、疑問は疑問のまま残り続ける。

その疑問を解消するにはお互いの法制度を理解して共通認識を深めていく必要があり、そのために取引所関係者、法律実務家らを講師に、セミナーを年2〜3回開催している。受講者の多くは両国の法曹関係者や両校の大学院生だ。

セミナーでのテーマは大きく分けて2つある。ひとつは株式の発行や機関構成、不公平取引の排除などのルール、いわゆる会社法に関するもので、2つめがそれらを執行する政府の機関や裁判所、証券取引所などのしくみやあり方だ。セミナーでは各種法令・条文の趣旨や制定の背景だけでなく、条文にはない「暗黙の了解」部分の確認なども行っている。

さらに、株主総会の電子化や暗号資産といった最新の金融市場的課題に対して、両国がどういった考えで規制・ルール化を考えているのかについても理解を深めていく。こうした活動を通じて、日中双方の資本市場法制の制度設計によい影響を与え、法的インフラの健全な発展に資することで、アジアにおける拠点ともいえる日中の金融資本市場をより発展させることができると考えている。

プロジェクトのリーダー
藤田友敬 教授

所属｜法学政治学研究科
専門分野｜商法
研究テーマ｜商法、会社法

暗号資産

銀行等の第三者を介することなく、インターネット上でやりとりされる財産的価値。国家やその中央銀行によって発行された法定通貨ではなく、「交換所」や「取引所」と呼ばれる事業者（暗号資産交換業者）から入手・換金するもので、代金の支払いや法定通貨と相互に交換することもできる。ビットコインやイーサリウムなどが代表例。仮想通貨とも呼ばれるが、法令上の呼び方は暗号資産。

産業と技術革新の
基盤をつくろう

様々な用途に対応できる5Gネットワークの技術を！

第5世代移動通信システム──次世代の通信ネットワーク技術　日欧連携プロジェクト「5G! Pagoda」

クローズアップ

5G（第5世代移動通信システム）登場で何が変わる？

スマートフォンに代表される移動通信システムの世界は5Gの時代が幕を開ける。その高速大容量化は1980年代に1Gが登場して以降、およそ10年ごとに進化し、4Gでは動画送信が可能になった。5Gの特徴は1Gの100万倍、4Gの20倍というその通信速度だけでなく、「大容量」「超低遅延」、多数同時接続を可能にする「超多数デバイス」（4Gの10倍。1km²あたり100万デバイス）が挙げられる。

スマートフォンの小さな画面ではそのすごさが実感しづらいが、建設現場での重機の遠隔操作、医療における遠隔手術や自動運転など、8K（高精細）カメラやヘッドマウントディスプレイを組み合わせた新たなサービスが5Gの登場により、様々な産業で実用化されていくと考えられる。また大学・自治体・企業などが自ら設置し、限られた範囲内で利用する「ローカル5G」の普及も進むとみられる。

Project

　5G普及のためには、安価な基地局の設置、低コスト化に加え、様々な技術的課題がある。日欧連携プロジェクト「5G! Pagoda」で取り組んだのは、通信する際の「交通整理」というべきものだ。高速道路に例えると、大型トラックとバイクが同じレーンで混在して走れば、事故が起きたり交通の円滑化が妨げられるので、それぞれ走るレーンを分けるほうがいい。5Gでは携帯電話だけでな

ローカル5G
通信事業者が全国で展開する均一の通信サービスではなく、地域や産業のニーズに応じ、大学・自治体・企業などが限られたエリアでネットワークを構築し、利用すること。超高速・大容量のネットワークが必要なとき、セキュリティーを確保したいときなどが想定されている。空港内での映像

く様々なデバイスがネットワークに接続されるため、用途に応じてそれを切り分け（スライシング）、そのリソースや機能を柔軟に改変できるしくみが必要になる。現実の技術開発はハードルが高く、産業に生かすために標準化してネットワーク機器に

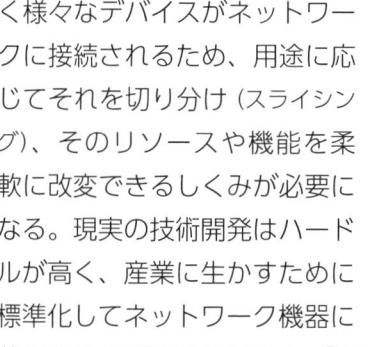

水中ドローンから5Gで伝送された映像

載せるまで道のりは長い。「5G! Pagoda」のプロジェクトは終了したが、その後も開発は引き継がれている。

　現在、NTTドコモと共同で実証実験を行っているのがカキの養殖現場への5Gの導入だ。広島県江田島の湾周辺では、養殖カキを数珠つなぎにして海中に垂らしたイカダが多数並ぶが、生育管理のために定期的に引き上げて確認する作業は大変な重労働だ。でも5Gを利用すれば、船から海中に下した水中ドローンを陸上で遠隔操作し、その海中映像から生育を管理することが可能となる。

　目視と遜色のない高精細・大容量の映像を遅滞なく受信できる5Gの特色を生かし、漁場遠隔監視が可能になれば他の養殖業にも応用でき、ICT（情報通信技術）の力で一次産業に従事する人々の負担を軽減していくことができるのだ。

監視システム、工場でのロボット遠隔制御、または競技場施設内での映像配信など様々な用途が考えられる。

ICT (Information and Communication Technology)
「情報通信技術」の略。従来のIT (Information Technology)とほぼ同義語だが、コンピューター関連の技術をIT、そのコンピューター関連技術の活用をICTと区別する場合がある。国際的にはICTが定着しており、日本でもITに代わる言葉として広まりつつある。

プロジェクトのリーダー
中尾彰宏 教授

所属｜情報学環
専門分野｜総合領域、情報学、計算機システム・ネットワーク、1003 ソフトウェア
研究テーマ｜コンピュータネットワーク

SDGs実現に必要な
企業と投資家のあり方を考える！

「資本市場と公共政策」（寄附講座）

クローズアップ　　グローバル・IT化する金融資本市場

金融の世界はグローバル化の進展が著しく、投資ではAI（人工知能）の活用が進み、金融とIT技術を融合するフィンテックでは新しいサービスが次々と生まれ、国際的競争が激しさを増している。生活の場では、現金やクレジットカードの代わりに、QRコードを利用した小口決済の普及が進む。
こうした金融の中心となるのが、投資家が利益を求めて投資し、企業が資金を調達する金融資本市場である。その動向を的確に把握し、対応できる高い能力をもった人材を育成すること、そして新しいサービスに対応する適切な法整備を行うことが重要となる。
「資本市場と公共政策」をテーマとしたこの講座では、産業界・官界・学界から幅広く有識者を招いて、金融資本市場の公共性の観点から研究・講義を行い、教育研究基盤の形成と人材育成を進めている。

Project

　本講座では、資本市場にかかわる様々な論点を取り上げているが、力を入れている論点のひとつとして、「コーポレートガバナンス」（企業統治）と「スチュワードシップ責任」（顧客・受益者に対する機関投資家の責任）の関係の研究がある。

　コーポレートガバナンスに優れた企業が増えれば金融資本市場の魅力が増し、「責任ある機関投資家の諸原則」（日本版スチュワードシップ・コード）を遵守する投資家を育成することにより、コーポ

フィンテック（FinTech）
金融（Finance）と技術（Technology）を組み合わせた造語。金融とIT技術を融合した様々な革新的金融サービスをさす。スマートフォンを利用した送金や、ビッグデータの活用などで新しいサービスが次々と生まれており、金融インフラの整っていない発展途上国でも、人々の投資、決済、送金などを可能にした。

レートガバナンスに優れた企業が増えることが期待される。金融資本市場の健全な発展のために、この2つは車の両輪をなすものである。

　日本では、国民の金融資産の多くが貯蓄となっており、資本市場への投資が主流となっているとは言い難い状況であるが、人々の投資により金融資本市場が活性化すれば、特にスタートアップ企業など銀行からの融資を得にくい企業の資金調達手段が多様化し、成長できる可能性が拡大する。スタートアップ企業が成長すると、斬新な製品やサービスが提供されるようになり、さらに大手企業に成長することで、日本経済全体が活性化し、投資家にとっても投資機会が増え、資産形成が容易にできるようになると考えられる。

　また、近年では機関投資家の間で、顧客である最終投資家の意向をふまえて、環境に配慮した企業、社会的責任を果たしている企業等へ投資する「ESG投資」への関心が高まっている。ESG投資は、SDGsの実現に大きく寄与する可能性があり、ESG投資に関する研究も活発化している。

　経済成長のエンジンとなる金融資本市場の動向を研究し、その成果に基づく教育を展開しているこの講座の成果の一部は、講義録の書籍化のほか、ESG投資については、担当教員の研究成果として「ESG投資とパフォーマンス」を出版している。

プロジェクトのメンバー
池田宜睦 特任教授、**神作裕之** 教授

所属｜公共政策学連携研究部（池田）、法学政治学研究科（神作）
専門分野｜資本市場、金融規制（池田）　商法（神作）
研究テーマ｜資産運用高度化、金融システム（池田）　結合企業法、会社法と資本市場法の交錯、金融監督法、商事信託法（神作）

コーポレートガバナンス

健全な企業経営を行っていくために管理・監督を行うしくみのことをさし、「企業統治」と訳される。企業の不正や経営者の独断といった経営リスクを排除するために、様々なしくみが必要とされる。企業は株主・従業員・取引先・地域社会など多くのステークホルダー（利害関係者）と信頼関係を築くことが求められ、そのためにコーポレートガバナンスが重視される。

スチュワードシップ責任

機関投資家が、投資先企業やその事業環境等に関する深い理解のほか運用戦略に応じたサステイナビリティ（ESG要素を含む中長期的な持続可能性）の考慮に基づく建設的な「目的を持った対話」（エンゲージメント）などを通じて、当該企業の企業価値の向上や持続的成長を促すことにより、「顧客・受益者」（最終受益者を含む）の中長期的な投資リターンの拡大を図る責任を意味する。（「責任ある機関投資家」の諸原則《日本版スチュワードシップ・コード》より）

ESG投資

従来の財務情報だけでなく、環境（Environment）、社会（Social）、ガバナンス（Governance）といった要素も考慮した投資のこと。

CO₂抑制から災害対策まで！ 進化する大規模シミュレーションの世界

大規模情報基盤を用いた学際研究

クローズアップ

スパコンが大活躍！ 東大情報基盤センターとは

東大情報基盤センターは学内外の研究者に対し、スーパーコンピュータ（スパコン）や大規模ストレージなどの大規模情報基盤を提供し、研究を支援している。今日のスパコン等の有効利用には高度な技術が必要なため、共同研究を通した支援も行っている。同センターを中核拠点として、国立8大学センターで構成する「学際大規模情報基盤共同利用・共同研究拠点」では、公募型共同研究を実施している。8センターが保有する

スパコンや8センターに所属する研究者にはそれぞれ得意分野がある。このしくみを使えば、研究内容に適したスパコンや共同研究者とのマッチングをワンストップで行うことができる。

スパコンが活躍する分野には、大規模な方程式を解いて予測を行う大規模シミュレーションなどがある。近年は、大量のデータから法則性を見つけだすデータ解析や機械学習にも力を入れている。

Project

情報基盤センターが支援する研究はさまざまだ。スパコンの利用分野で見ると、「工学・ものづくり」「材料科学」「エネルギー・物理学」「情報科学・AI」「生物科学・生体力学」…と多岐にわたる。また、8大学の共同利用・共同研究拠点で採択した学際共同研究は52件（2020年）。「管楽器の音響解析」「核融合プラズマ研究」「大動脈解離のリスク評価」など、こちらも広範な分野にまたがって

スーパーコンピュータ
科学技術計算のために特別に設計された大規模コンピュータ。一般のパソコンより数桁高速で大容量。様々なシミュレーションやデータ分析を高速に行い、自動車が衝突したときの壊れ方、台風の進路、地震発生の状況などの大規模な予測のほかに、宇宙、創薬からものづくりまで多様な分野で利

いる。

　2020 年には、世界的大問題となったコロナウイルス感染症対策にかかわる研究にもスパコンを提供した。また、理化学研究所等と協力して「ゲリラ豪雨予測のリアルタイム実証実験」も行っている。近年、

情報基盤センターに設置されたスーパーコンピュータ

短時間で大量の雨が局地的に降る「ゲリラ豪雨」が日本でも増え、時に大きな被害をもたらす。この被害防止のため、高性能レーダーからの大量の情報をスパコンで解析し、30 分後の局地的な気象予測を 30 秒ごとに更新する画期的な実験だ。

　気象予測は、世界の持続可能性とも関係する。地球温暖化対策として太陽光発電や風力発電が増えると、雲や風の状況などに発電量が大きく左右される。早くて正確な気象予測で発電量を見通すことができれば、二酸化炭素（CO_2）を排出する火力発電等の発電量を調整し、CO_2 排出抑制につなげやすくなる。船や航空機の航路の最適化によるエネルギー消費の削減など、気象予測の可能性はほかにも多い。スパコンを用いた未来予測全体では、持続可能性に貢献する道は無数にあるといってよいだろう。

用されている。2020 年時点では、日本のスパコン「富岳」が性能世界一。

学際大規模情報基盤共同利用・共同研究拠点 (JHPCN)

スパコンをもつ国立 8 大学の施設が構成拠点となり、東大情報基盤センターが中核拠点として機能する「ネットワーク型」の共同利用・共同研究拠点。文部科学大臣の認定を受け 2010 年 4 月に活動を開始。2016 年には国際共同研究・企業共同研究・萌芽型共同研究を新設。グランドチャレンジ型研究の日本における拠点として、長期的な社会発展につながる研究を進めている。

プロジェクトのリーダー
柴山悦哉 教授

所属 | 情報基盤センター・情報メディア教育研究部門
専門分野 | ソフトウェア
研究テーマ | プログラミング言語とソフトウェアセキュリティに関する研究

世界最先端のシミュレーション技術でものづくりの革新に貢献する！

大規模計算科学シミュレーション技術の研究開発と産業応用

クローズアップ

革新的シミュレーション研究センターとは？

世界では大規模計算能力の高いスーパーコンピュータ（スパコン）の開発に国を挙げて力を入れ、これを活用した科学技術の革新をめざしている。その柱が、様々な現象をコンピュータ上に再現する「シミュレーション」だ。通常の実験ではコストがかかり、危険がともなうものだけでなく、地球上では不可能な実験もシミュレーションでは可能になる。スパコンの性能向上により、従来できなかったシミュレーションが次々と可能

になり、これを用いた「ものづくり」の変革が期待されている。

そのためのシミュレーション・ソフトウエア開発を担っているのが、2008年に東京大学生産技術研究所附属研究施設として新設された「革新的シミュレーション研究センター」である。世界をリードする革新的シミュレーション・ソフトウエアの開発や研究開発成果の社会への普及、シミュレーション・ソフトウエアを活用できる人材の育成を行っている。

Project

かつては船を建造する場合、船が進水したときの水の流れや抵抗を測るため、数百mもの長さの水槽を使い、5m程度の模型の船を走らせて様々なデータを得る「水槽試験」が行われていた。これにはかなりの費用と時間がかかる。一方で船が進んだときに波が変化する物理現象は、方程式で解析することで再現できるが、それには人力では不可能な膨大な数の計算が必要となる。

高性能なスパコンの登場により、実際の水槽試験と同じ精度で複雑な物理現象を短時間で再現することが可能になった。

この計算は空間をすきまなく格子状に分割し格子ごとに行われるが、スパコンの性能向上とともにその格子をより小さくすることができるようになったため、より精度の高いシミュレーションができるようになっている。

船の進水にかかる波の状況のほかに、自動車にかかる風圧等を測る風洞実験、およびそれにより発生する騒音等のシミュレーションも行っている。これらは「ものづくり」に直結するものだが、一方では体内の血流の状況といった生命科学（ライフサイエンス）分野、火災の発生状況といった防災分野などでの、現実に実験、試験を行うことが難しいシミュレーションも実現している。

私たちの革新的シミュレーション研究センターで行われているのはスパコン「京」、その次世代スパコン「富岳」を活用した世界最先端のシミュレーション技術であり、これがものづくりの世界に普及することで今後の産業革新に寄与するものと考えている。

京（けい）

国策として1000億円以上を投じ、2012年に完成、共同稼働が開始されたスーパーコンピュータ。名称は公募され、計算速度が「兆」の単位を超えた「京」であり、日本人にとって語呂がよく、外国人も発音しやすいとして選ばれた。英語表記は「K computer」。スパコン性能ランキングGraph500で9期連続1位（2015年6月〜2019年6月）を獲得し、2019年8月に計算資源の共用を終了した。

富岳（ふがく）

京の後継機として2014年に開発に着手。名称を公募され、富士山の異名である「富岳」に決定した。20年6月、HPC（ハイパフォーマンス・コンピューティング：高性能計算技術）に関する国際会議「ISC2020」で、「富岳」が性質の異なる4つのスパコンランキングで世界第1位を獲得し、汎用性の高さが証明された。

プロジェクトのリーダー
加藤千幸 教授

所属｜生産技術研究所附属革新的シミュレーション研究センター
専門分野｜熱流体システム制御工学
研究テーマ｜流体騒音の予測と制御

レジリエントなインフラを整備し、包括的かつ持続可能な産業化を推進するとともに、イノベーションの拡大を図る

貴重な歴史資料を後世に伝えるため保存・修復技術を全国の博物館へ！

歴史資料を未来に伝える保存技術の研究とその共有化

クローズアップ

歴史資料 (史料) を後世に残すために

東京大学史料編纂所は、古代から明治維新期に至る日本の史料を収集・分析し、公開して歴史研究に寄与している。その源流は徳川幕府が開設した和学講談所にさかのぼるほど古く、1901年にはじまった史料集の刊行は120年を数え、これまでに編纂・刊行した出版物は1100冊を超える。

史料は経年とともに劣化し、破損する。これを適切に保存し、時に修復することも史料編纂所の重要な役割だ。あるときは偶然によって、あるときは強い意思をもって現代に伝わる史料は、歴史を客観的に示す証拠だ。その量は膨大で、分析・解読が進んで初めて重要性が判明し、国宝や重要文化財に指定されたものも多い。一方で、江戸期以降は史料の数が格段に増え、現在も手つかずのものが少なくない。今後の解読・分析が待たれる史料は多くある。史料は歴史に対する認識にかかわり、誰が読んでも同じ答えが出るものではなく、後に評価が変わる可能性もある。史料を後世に託すため、適切に保存していくことの重要性がますます高まっている。

Project

史料編纂所では2015年から5年をかけて、鎌倉時代から続いた薩摩藩 (鹿児島県) の大名・島津家に残されてきた国宝「島津家文書」のうち、最重要文書群である「御文書」13巻を解体して修理した。巻物として残された文書は、シミ・破損・折れなどが生じていた。史料の修理技術をも

島津家文書
薩摩藩藩主の島津家に残されてきた文書。時期は幕末維新期まで及び、武家文書の中で最も優れているとされる。昭和32年度までに、東京大学史料編纂所が島津家から購入した。総点数は1万7000点、ほかに写本

つ国宝修理装潢師連盟と連携し、和紙の組成を分析するなどしてクリーニングや補填を行った。また、巻物の一部には幕末に作製されたガラス（薩摩切子）の軸端がついていたが、紛失・破損したものが少なくなかった。復興された薩摩切子の製作技術により複製され、原本に取り付けられた。

古文書の透過光観察

レプリカ（複製品）の作製も重要な試みだ。史料の原本は持ち出しの難しいものが多い。レプリカを作製すれば、自分の目で見て、手に取って触ることのできる文化財として、歴史教育の場で使うことができる。豊臣秀吉が刀狩り令を出すために各地の大名に送った大きな朱印状のレプリカを作製する際は、原本の下から光を当て和紙の組成を分析する透過光観察などを行い、紙すき職人の手で、16世紀の和紙が再現された。修理を完了した文書を高精細デジタル撮影し、文字の再現性に優れたコロタイプ印刷を用いて、精巧なレプリカが完成した。

このプロジェクトの目標のひとつは、史料の公開や、保存・修復について蓄積したノウハウの共有によって、地域・社会に貢献すること。各地の博物館での展覧会や講習会に協力し、史料に関する詳細情報のデータベースを開発している。

プロジェクトのリーダー
松井洋子 教授

所属｜史料編纂所　特殊史料部門
専門分野｜日本史
研究テーマ｜日蘭関係史

類6500点、薩摩藩の史官によって編纂された記録362冊がある。

コロタイプ印刷
通常のオフセット印刷とは異なり、濃淡を網点で表現しない印刷方法。古文書や絵画の複製などに用いられる。

◇ひとことメモ◇
史料編纂所では、歴史史料の研究と保存を進めつつ成果を公開していくこのプロジェクトに、図書部長・技術部長を務める副所長（3年任期）が責任者となり、教員と史料保存技術室の技術職員が協力してとりくんでいる。2021年度からの責任者は尾上陽介教授となる。

9　産業と技術革新の基盤をつくろう

Goal

10

人や国の不平等
をなくそう

アジアの持続可能な発展の基盤となる「法の支配」に貢献する人材を育てる!

アジア法教育プロジェクト（総合）

クローズアップ 健全な経済発展に寄与する法の支配と企業活動

アジアは広く、各国が移入した法体系は多様で独自の発展を遂げてきた。しかし実態としては法整備の進捗に差があり、古い植民地時代のままであったり、社会の実態から乖離していたりする国もある。そもそも「法の支配」が確立されておらず、時の権力者が都合よく法律を制定・運用する「法による支配」が行われている国もある。こうした状況下にあるとはいえ、経済発展にはやはり日本など先進国企業の進出が欠かせず、その促進には法整備や「法の支配」の確立が不可欠だ。一方、企業は、法を駆使して自らの正当な権利を守り、競争力や収益性を高め投資家の期待に応える責任を負う半面、その活動は現地社会の一員として倫理的、互恵的であることが求められる。現地国法の理解と遵守はもちろん、基盤となる「法の支配」に配慮する必要があり、近年は、たとえ合法でも児童労働により生産された原材料は使用しないなど、いわゆるフェアトレードを重視する企業が増えている。投資家側にも、そうした高次の社会的責任を果たしている企業を選んで投資する「ESG投資」が普及しつつある。

Project

　日本企業のアジア事業展開を念頭に、中国および ASEAN 諸国の法制度全般や契約法・会社法・労働法など、おもなビジネス関連法を「正しく知る」ことからスタートする。アジア法研究で先行する豪州はじめ各国の大学教授や弁護士と東京大学の教員が共同で、日本法と比較しながら各国法の特徴や相違点、背景にある社会との関係性を解

法の支配 (Rule of Law)

人権の保障と恣意的権力の抑制を主旨として、すべての権力に対する法の優越を認め、法の下の平等、適正手続きの保障など、法律の内容も「よい統治」を体現しなければならないとする考え方である。「法による支配」 (Rule by Law) はこの

説する。これらの知見をもとに学生が「法の支配」の意義や、企業活動上の課題・リスクを自ら見いだすよう促し、将来それぞれの立場でその解決に貢献できるような視座、法的センスをもった人材を育てるという場である。

2020年度は「アジアビジネスローセミナー」でシンガポール、ベトナム、ミャンマー等を取り上げた。法整備が遅れ、「法の支配」の確立も道半ばにあるミャンマーの法制度が抱える課題等について英語で講義が行われ、学生によるプレゼンやディスカッションも行われた。

また「東アジア法集中講義」では、企業の知的財産権を守ることでイノベーションを促すとともに社会の発展にも寄与する「知的財産権法」を取り上げた。中国・香港、韓国、台湾の大学教授が自国の法制度を解説し、日本法の専門家である東京大学の教員や学生と、特徴的な論点を比較検討する双方向の演習方式で進めた。

さらに一歩進んで、アジアの発展途上国では、法律を適切に起草し運用できる人材を育成することが、法の支配の確立を促し健全な経済成長のために必要だと認識されはじめている。これに寄与する「法整備支援」について講義で触れるとともに、法曹の卵である法科大学院生向けに連続講演会を開催し啓発に努めている。

プロジェクトのリーダー
平野温郎 教授

所属 | 法学政治学研究科附属ビジネスロー・比較法政研究センター
専門分野 | 国際取引法、アジア・ビジネス法、国際企業法務

「法の支配」とは似て非なるもので、人権侵害や格差、汚職・腐敗、不平等が蔓延し社会や経済の持続可能性を損なう。

ESG投資
本書の177頁参照。

知的財産権（無体財産権ともいう）
人間の知的活動の所産や産業活動における識別標識など、無体物を支配する権利の総称。おもに著作権、特許権、意匠権や商標権など法令により権利として認められたものをさす。

法整備支援
先進国による発展途上国を対象とした立法支援や法曹人材の育成支援などの活動をさす。これまで外国による援助は道路・橋などインフラ整備を目的としたハード面が中心だったが、近年は、人材育成などソフト面での支援も重視される。なかでも法整備支援は、汚職撲滅、法の支配への移行など「よい統治」の構築が、健全な市場経済の発展にも不可欠として重視されるようになった。日本では、独立行政法人国際協力機構を中核とした政府開発援助（ODA）案件として、大学教授や裁判官、検事、弁護士などの法曹専門家も参加して行われている。

住み続けられる
まちづくりを

都市と人間の居住地を包摂的、安全、レジリエントかつ持続可能にする

観測データ×シミュレーションで大都市のCO₂排出量を検証する！

大都市からの温室効果ガス排出量監視システムの開発

クローズアップ

温室効果ガス排出量の正確な把握に求められる観測環境の整備

現在、地上からの観測データはWMO（世界気象機関）を中心に整備しているが、それは陸上に限られ、海上の観測データが圧倒的に少ない。海上データを収集する衛星観測は地上に比べて精度が低く、我々の研究に必要な「観測された濃度分布」を求めるには、まだまだデータが不足している。CO₂排出・吸収量については地球上の空間を分割して解析を行うが、現在は64の地域ごとにデータを出している。米国でいえば、

大陸の西半分、東半分といった空間の分け方で、都市のデータを出すようなレベルには到達できていないのが実状である。

東京都のCO₂排出量を分析したくても、シミュレーションでは火力発電所から流れ出るCO₂の濃度などが精緻なグラフィックで表現できるのだが、観測データでは到底それには及ばない。より精密なセンサが搭載され、開発が進む温室効果ガス観測技術衛星による観測データの充実が求められる。

Project

温室効果ガスの削減にあたり、重要になるのがその排出・吸収量についての検証方法だ。気候変動枠組条約締約国のうち、先進国は自国の排出・吸収量を毎年「温室効果ガス排出インベントリ」データとして提出しているが、途上国ではデータが整備されていない現状がある。本プロジェクトは、大規模シミュレーションと地上・宇宙からのリモートセンシングによる観測データを統合し、

温室効果ガス観測技術衛星
二酸化炭素やメタンなどの温室効果ガスを宇宙から測定するために、世界で初めて開発された日本の人工衛星で、JAXAと環境省、国立環境研究所が共同プロジェクトで開発した。2009年に「いぶき」(GOSAT)、2018年には2号機の「いぶき2号」(GOSAT-2) が打ち上げられ、現在はより高

大都市レベルでの温室効果ガス削減の検証に寄与するものだ。

　気象データと仮の排出・吸収量のデータを合わせて、それを大気輸送の数値モデルに載せてスーパーコンピュータで計算すると、CO_2濃度分布の予想が立つ。この「計算された濃度分布」と、温室効果ガス観測技術衛星から得られた「観測された濃度分布」とを比較し、両者の差を修正しながら2つを合致させていく手法で、より正確なCO_2排出・吸収量を推定する。そのため、人工衛星に搭載される様々なセンサの開発に協力し、数値モデルも独自に開発している。

　都市部からのCO_2排出量をより精密に測定するためには温室効果ガス観測衛星だけでは不十分で、植物の状態を観測する衛星、さらに地上観測機のデータも組み合わせ、植生域から都市域までを含めた排出量の監視を行っている。我々のプロジェクトはSGDsのゴールに直結する対策ではないが、その前提となる科学的なデータを提供するものとなる。この監視システムを先進国の大都市に適用することで温室効果ガス削減対策の実効性を検証し、また途上国の大都市からのCO_2総排出量の推定も行うことで、より効果的な削減技術の創出に貢献できると考えている。

プロジェクトのリーダー
今須良一 教授

所属｜大気海洋研究所
専門分野｜大気物理学、気象学
研究テーマ｜温室効果気体のリモートセンシング

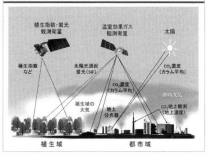

大都市からの温室効果ガス排出量監視システムの開発

都市域からの二酸化炭素（CO_2）排出量をとらえる観測の概念図。

度な観測機器を搭載する3号機（GOSAT-GW）の開発が進んでいる。

温室効果ガス排出インベントリ
温室効果ガスの排出量をとりまとめたデータ。気候変動枠組条約に基づき、日本を含む附属書I締約国（いわゆる先進国）は毎年、自国の温室効果ガス排出インベントリを条約事務局へ提出することが義務づけられている。

大気輸送の数値モデル
放出された二酸化炭素などの温室効果ガスは大気の流れによって輸送され、陸上・海洋で吸収されたりする。その温室効果ガスの変動をシミュレーションするため、地球上の大気の流れをコンピュータで計算できるようにしたプログラム。

日本のITSをリードし モビリティ・イノベーションを実現する！

次世代モビリティイノベーションプロジェクト

クローズアップ

道路の渋滞対策だけじゃない！ サステイナブルな次世代交通システムとは？

1980年代から交通システムのインテリジェンス（知能・情報）化をめざす動き（ITS）が世界中ではじまった。カーナビやETC（電子料金収受システム）の実現がその代表例だが、これまでITSは「高度道路交通システム」と訳され、日本では渋滞対策など道路交通が中心で、鉄道などについてはあまり議論されてこなかった。

だがICT（情報通信技術）の急速な進展によって時代背景は大きく変化しており、世界では自動車業界だけでなく、鉄道などの公共交通機関も含めたMaaSのような次世代交通システムのあり方が主流になりつつある。

本学の次世代モビリティ研究センターでは、ITSを「人～インフラ～移動体が情報通信で結ばれた環境下で、移動に関する安全・安心、環境・効率、快適・利便の向上に寄与する一連の技術や、社会・経済制度全般を対象としたイノベーション」と位置づけ、総合的な研究にとりくんでいる。

Project

　自動運転による次世代交通システム、ビッグデータ時代におけるモビリティ社会のデザイン、道路交通に加えて鉄道など公共交通も含めた総合的なモビリティデザインに関する研究開発を進めている。これらを実現するため、ユニバーサル（全周囲視野）ドライビングシミュレータを用いたドライバーの挙動解析、自動運転によるトラック隊列走行技術の開発、その他各地で東大発ベン

ITS
Intelligent Transport Systemsの略。

MaaS
Mobility as a Serviceの略語。直訳すれば「サービスとしてのモビリティ」で、ICT（情報通信技術）を活用してクルマから鉄道、バス、タクシーまで、あらゆるモビリティをシームレスにつ

チャーの先進モビリティと連携して自動運転バスの実証実験などを行っている。また、<u>柏キャンパス実験フィールド</u>では、ソフトバンク子会社BOLDLYと共同研究するハンドルがない自律走行バス「NAVYA ARMA」の走行などさまざまな実験を行っている。

　東京大学と千葉県柏市などで行った産官学連携プロジェクト「柏ITSプロジェクト」では、MaaSの理念をいち早く取り入れ「ヒトとマチと、ともに成長するITS」を掲げた。エコシステムの構築をめざし、駅シャトルバス・自動運転の実証実験と実用化・実装、情報センターモデル実装、新しい移動体の性能評価などを行っている。異なる事業者間で鉄道とバスのリアルタイム位置情報データを連携させ、それをスマホアプリで提供する国内初の事例となり、鉄道会社もITSにとりくむ契機となった。

　戦後、自動車産業は日本経済を支えてきたが、近年、社会と車の新しいあり方が問われている。当プロジェクトでは文理融合型の研究を進め、社会イノベーションを通じた持続可能なモビリティ実現のため、知の体系化とその社会実装にとりくんでいる。

なぐという概念。2014年にフィンランドで発表され、日本でも2017年頃から、交通業界を中心にとりくみが盛んになっている。

次世代モビリティ研究センター
東京大学生産技術研究所にある、土木・交通工学、機械・制御工学、情報・通信工学などの各分野が同時横断的に連携してITSの研究開発を行う日本初の大学研究組織。道路交通だけでなくモビリティ全体（人・交通・情報環境）の協調という「協調ITS」を打ち出し、次世代モビリティの研究を進めている。またモビリティ・イノベーションの基礎研究と社会実装を推進するため、同センターが主導して8部局が連携する東京大学モビリティ・イノベーション連携研究機構（Utmobl）も発足した。

柏キャンパス実験フィールド
正式名は生産技術研究所大規模実験高度解析推進基盤（旧千葉実験所）ITS実験フィールド。東京大学生産技術研究所にある国内有数のモビリティ試験所で、バスの自動運転や小型車両の実証実験ができ、鉄道の試験線まで設けられている。

プロジェクトのメンバー
須田義大 教授、**大口 敬** 教授

所属 | モビリティ・イノベーション連携研究機構（須田）、生産技術研究所（大口）
専門分野 | 制御動力学（須田）、交通制御工学（大口）
研究テーマ | 車両のダイナミクスと制御など（須田）　交通信号制御、道路ネットワーク交通流マネジメントなど（大口）

「少子高齢化」先進国・日本から新たなまちづくりのモデルを！

少子高齢化社会における持続可能なまちづくり

クローズアップ

日本の少子高齢化が世界の先例になる？

日本は世界の少子高齢化のトップを走っているが、将来的にはどの国でもこの問題は避けられない。本プロジェクトは世界各地に応用できる「持続可能なまちづくり」のモデルを開発することを狙いとして活動している。

高齢化は一般的に地方の問題ととらえられているが、若者が集まる都市部で若者が歳を重ねるとともに起きる高齢化のほうが、より深刻な問題となる。またある地域で若者が自立して出ていき（人口減）、

その後、親世代が亡くなる（世帯減）というかたちで、少子化は人口と世帯数の減少をもたらす。すでに首都圏でも世帯減が起きている地域があり、環境がよいとされる自治体であっても空き家が増えている地区が存在する。高齢化の進む都市の郊外では1970年から80年代にできた建物の老朽化が進み、維持費が重くのしかかっている。そこでは少子高齢化と世帯減、ストックの老朽化という三重苦のような状態が訪れつつある。

Project

本プロジェクトの対象事例としては、横浜市たまプラーザ（美しが丘地区）における「次世代郊外まちづくり」がある。横浜市・東急電鉄との共同で、グランドデザインからまちづくりに協力した。それには住民を中心に自治体、企業が協力してとりくむ「多主体共創」が重要である。まず、プロジェクトを認識してもらうために分厚いアンケートを全世帯に配り、地域で活動している団体などにも

インタビューした。その際は最後に必ず次の人を紹介してもらい、地域のおもだったキーパーソンを発掘していくスノーボールという手法を使った。そのうえで、地域の住民全員に声をかけてワークショップを行い、同時に学びの場として「たまプラ大学」で議論も重ねた。そうした活動は常に通信などで発信して、周知も心がけた。

　こうした全体のまちづくりの進め方をパッケージとして提供し、次の段階ではワークショップで知り合った人たちの提案による活動に支援金を出した。朝は散歩帰りの高齢者、昼は母親や子どもの憩いの場、夜はライブハウスとしても活用できるコミュニティ・カフェができたり、「フラッシュモブ」などのダンスパフォーマンスを様々な公共空間で行うことで自分たちの「場所:place」として行く活動が生まれ、地域が活性化していった。

　東日本大震災の被災地である岩手県釜石市、陸前高田市、大槌町でも復興まちづくりに協力した。釜石では仮設住宅の予定地の平田総合公園に、診療所や介護事業者、商店街などを併設した仮設の「まち」を計画した。そして、自治会や商業者組合、サポートセンターといった組織を仮設まちづくり協議会がつなぎ、住民の見守りの輪を形成した。こうしたとりくみにより、心理的な問題を抱える人がほかの仮設住宅より格段に少ないという結果を得ることができた。

プロジェクトのリーダー
小泉秀樹 教授

所属｜先端科学技術研究センター
専門分野｜まちづくり
研究テーマ｜コミュニティ再生に係る理論と実践手法の開発など

◇ひとことメモ◇
陸前高田市「りくカフェ」プロジェクト
地元住民との話し合いから「まちのリビング：りくカフェ」をつくった。最初は「仮設」として住民が気軽に利用できる小さなカフェを運営し、その後、「本設」として大きな建物で食事も提供した。その段階で地域の健康の拠点にするために介護予防事業 (スマートクラブ) にもとりくむようになった。住民発意型の「多主体共創」で、被災によって失われたコミュニティ空間を再生する試みのひとつである。

フェーズフリーという新概念で
途上国の都市防災に貢献！

安心して生活できる安全な都市を実現する研究

クローズアップ
新しい発想で「都市の防災」を考える

科学技術の発展により、世界各地の都市に多くの人々が住める環境が実現した。人口密度の高いエリアが拡大すると、自然災害や感染症のリスクが高くなる。先進国ではこれらへの対応力を各種のインフラ整備で高めてきたが、従来型の大規模な予算を投じたインフラ整備は、今後は日本でも難しい。人口誘導によるコンパクトシティ化など、分散型のインフラで生活が成り立つような新しい発想が求められる。

従来のわが国の防災は公助主導型であったが、人口減少や財政的制約を考えると、今後は減少する公助を補う自助と共助の活性化が必要となる。このとき、良心に訴えるだけの防災には限界があり、防災対策に対する意識を「コストからバリューへ」、さらに「フェーズフリー」にしていくことが求められる。公助も公金を使った行政による対策から、自助や共助が推進しやすい環境の整備へと、質的な変換が求められる。

Project

　世界的に都市部への人口集中が進む中、多分野のハード・ソフトの先端技術を統合して、世界共通の課題である安全・安心な都市の構築と運営、生活環境の実現が本プロジェクトの目的である。都市の安全・安心を脅かす要因の第一は自然災害であり、第二は都市域に住む人々の健康や生存を脅かす環境的要因である。

　開発の真っ只中にあるミャンマーの主要都市で

フェーズフリー
(Phase Free)
日常時と非常時の2つの段階（フェーズ）による制約から自由になり、どのような状況下でも命と安全を守れる理想的な状態をさす概念。

は、先進国の経験から学んだ防災対策や公害対策を考慮した都市開発が求められる。本プロジェクトでは、地震・水災害・インフラ整備を3本柱とし、被害軽減策のミャンマーでの実装をめざした。しかし、いつ起こるのかが不明な災害対策への投資は難しいので、「コストからバリューへ」と「フェーズフリー」を重視した。「継続性がなく、効果は災害が起こらないとわからない」コスト型の防災から、「災害の有無にかかわらず、平時から価値やブランド力をもたらし、これが継続される」バリュー型の防災へ、そして、平時のQOLを向上させるとともに、それがそのまま災害時にも有効活用できるフェーズフリーな防災対策への転換である。

　長く軍事政権が続いたミャンマーの大学には、人事、組織改編、予算に関する自治が認められていなかった。本プロジェクトでは、ヤンゴン工科大学において、研究センター群構想の提案とその一部の実現により、ミャンマーの主要大学に教育組織に加え、研究組織の実現への道を開いた。これは相手国の研究組織のあり方を改善したということで、非常に大きな成果として評価された。

ミャンマーでの実装

本プロジェクトでは期間中に起きた災害に対して積極的にかかわる方針で臨んだ。雨季に毎年発生する洪水被害の調査はミャンマー政府から高く評価され、我々のシステムが関連省庁での共通システムとして活用されることにつながった。また、吊り橋の崩壊事故に対する調査も高い評価を得て、橋に関する我々の提案が受け入れられるなど、試行ではなく真の実装が実現した。

QOL (Quality of Life)

クオリティー・オブ・ライフ。「生活の質」を意味する。

◇ひとことメモ◇

プロジェクトに関する詳細情報：
https://www.jst.go.jp/global/kadai/h2607_myanmar.html

プロジェクトのリーダー
目黒公郎 教授

所属｜生産技術研究所都市基盤安全工学国際研究センター、情報学環総合防災情報研究センター
専門分野｜総合的災害管理学、国際防災戦略学
研究テーマ｜耐震補強法と推進システムの開発、ユニバーサル地震災害環境シミュレーション、防災制度設計など

他分野の知も結集し
地震・火山災害の軽減をめざす！

災害の軽減に貢献するための地震火山観測研究

クローズアップ

切迫する南海トラフ地震への対応

社会に甚大な被害をもたらすことが想定される南海トラフ地震では、地震現象の研究から、工学、防災リテラシーまで一連の流れとしてとらえる総合研究グループを立ち上げている。長期予測手法および中短期予測手法の開発、防災対策に生きる情報発信を柱とするが、GNSS（全球測位衛星システム）や海底局を使った海底地殻変動観測システムによって、プレート境界面の固着状況の詳細な空間分布がわかるようになった。九州沖から四国沖にかけ、地震計で測ることができない「ゆっくり滑り」（スロースリップ）の活動がプレート境界に沿って長距離移動していることも判明し、南海トラフ地震にどうつながるかといった検討も進んでいる。また「地震危険度評価結果表示システム」の開発により、南海トラフで地震が起きた場合、高知県や大阪府でどのような揺れが発生し、建物の倒壊率がどう分布するかといったシミュレーションも行っている。

Project

地震・火山災害の軽減に貢献するため、日本全国の大学や研究機関などと連携し、地震・火山現象の解明、地震や火山噴火の発生予測をめざした研究を実施するとともに、災害を引き起こすもととなる地震動、津波、火山灰や溶岩噴出などの災害誘因予測の研究も行う。

研究成果を災害軽減に効果的に活用するため、地震・火山の理学研究だけでなく、建造物の揺れ

防災リテラシー
災害に遭遇したとき、目の前の状況に対して適切に行動し、想定外の事態から自分自身を救う能力のことをさす。本プロジェクトでは、地震・火山の災害発生機構や要因を解明し、そうした研究成果を広く提供することで、地震・火山災害に関する社会の共通理解を醸成することをめざし、研究を

や耐震性など防災に関する工学や、地震が起きたときの人の行動や防災教育といった人文・社会科学の研究とも連携し、安心・安全な人類社会の構築に貢献することをめざす。さらに、それらの情報を社会で生かして防災リテラシーを向上させることにも努めている。

2006年に地震・火山噴火予知研究協議会が発足し、2009年から「地震及び火山噴火予知のための観測研究計画」が5カ年計画でスタートした。現在は「災害の軽減に貢献するための地震火山観測研究計画」として第2次5カ年計画の最中で、地震発生の新たな長期予測、火山活動推移モデルの構築による火山噴火予測の研究などを重点的に行っているが、大きな地震・噴火が生じた際には随時、調査を行っている。

例えば2016年の熊本地震では最初にM*6.5、最大震度7の揺れがあったが、翌晩にM7.3というさらに大きな地震が発生した。これらの地震を調べてみると、複数の断層が破壊された複雑な過程が明らかになった。2018年の北海道胆振東部地震でも、同様に複数の断層が破壊されたことがわかっている。同年の草津白根山における突発的噴火では、地下構造を詳細に調査した結果、熱水の伝わり方などが判明した。こうした成果を踏まえ、南海トラフ地震や首都直下地震、桜島大規模火山噴火などの総合的な研究を進めている。

重ねている。

◇**ひとことメモ**◇
東京大学地震研究所（以下地震研）は関東大震災から2年後の大正14 (1925) 年に設立された。地震に関係する研究を行う教員が約80名在籍する、世界有数の地震研究機関である。地震研は文部科学省の共同利用・共同研究拠点に認定され、研究設備を全国の大学や研究機関の研究者に開放し、蓄積された研究資料・データを共有している。地震研に設置された地震・火山噴火予知研究協議会では、京都大学防災研究所をはじめ他大学、研究機関、行政機関などオールジャパン体制で、文部科学省科学技術・学術審議会で策定・建議された「災害の軽減に貢献するための地震火山観測研究計画」に基づいて研究を進めている。

＊Mはマグニチュード

プロジェクトのメンバー
吉田真吾 教授、**大湊隆雄** 教授、**大園真子** 准教授

所属 | 地震研究所
専門分野 | 地震学、火山学
研究テーマ | 地震・火山災害の軽減に貢献するための地震学、火山学の研究など

衛星からの空間情報データで
途上国の経済開発に貢献！

Development of ADB's Spatial Application Facility
(SAF)

クローズアップ

空間情報科学とは？

リアルな世界に存在するものはほとんど位置情報とひもづけることができ、空間情報として扱うことができる。Google Earthのストリートビューなど私たちが身近で使っているものも、空間情報を利用したものである。

かつてはデータというと表の形式が典型的だったが、位置情報をひもづけして空間情報を扱えるようになったことで、より機能的なデータをつくることができるようになった。空間情報を具体的な計画に利用する場合、距離や領域の近いものと比較参照することによって、計画の予測が立てやすくなるのである。

ADB（アジア開発銀行）の開発プロジェクトでも、融資によりどの街の景況が活性化しているかといった経済効果も空間情報データから測定することが可能になる。政情不安などから職員が現地に入りづらい場合でも、経済状況を衛星データで把握することができるのも、空間情報の利点のひとつだ。

Project

Spatial Application Facility とは、日本語では「空間情報利活用部門」と訳される。東京大学のDIASが提供する気候変動シナリオに基づく洪水・高潮などのデータを地理空間データベースに統合し、それをADBの開発プロジェクト関係者で共有することで、データに基づく意思決定を促進することを目的としている。

ADBと東京大学の空間情報科学の協力は、

ADB（アジア開発銀行）
アジア・太平洋地域における開発途上国の経済開発を促進し、貧困の減少を目的に設立された国際銀行。本部はマニラ。

2011年から始まった。宇宙技術、つまり衛星からの空間情報データを利活用し、ADBが融資する各国のプロジェクトに役立てるのである。

例えば道路を敷いたりプラントを設置する際、生態系の保護から立退きの問題まで、空間情報データによって多くのリスクを事前におさえておくことができる。

海面上昇が続くベトナムの古都フエでは、将来的な洪水のリスクを分析し、フエ市に洪水のモデルを提供することによって、フエ市が街の発展をコントロールしやすくするといった活動をしている。

現在、メコン川流域ではADBが進めているエコノミックコリドー（経済回廊）がどれだけの経済効果を上げているかを衛星で計量する手法の開発を進めている。

衛星データは空からの写真で地上を推定するしかないので、地上でサンプルデータを集めて検証することも必要であり、現地の人との協力が重要である。

DIAS (Data Integration and Analysis System)
東京大学が開発したデータ統合・解析システム。地球規模および各地の観測から得られたデータを収集・蓄積・解析し、環境問題や大規模自然災害の危機管理に資することを目的とする。学際的な協働に必要な情報基盤として世界の先進事例と評価される。

エコノミックコリドー（経済回廊）
ADBが1990年代より主導する大メコン圏経済開発プログラム。道路網を整備し人やモノが自由に往来するコンセプトから「経済回廊」と呼ばれるようになった。

プロジェクトのメンバー
宮崎浩之 特任助教、**柴崎亮介** 教授、**吉村充則** 特任准教授

所属 | 空間情報科学研究センター
専門分野 | 空間情報科学
研究テーマ | 衛星リモートセンシングによる社会経済モニタリング・モデリングなど（宮崎）、実世界センシングと状況認識技術による人間行動分析とサービス生成など（柴崎）、海外プロジェクトにおける空間情報の利活用促進など（吉村）

持続可能な社会づくりにデザインで貢献する人材を！

環境デザイン統合教育プログラム (IEDP)

クローズアップ

世界に類を見ない幅広さでデザインを学ぶ

IEDPは、建築、都市、緑地、建築構造、自然、流域、地域、情報の8つの環境をテーマにした「デザインスタジオ」で構成される、分野横断型の教育プログラムである。各スタジオでは、それぞれ実践的な課題が設定され、受講生は演習形式で課題解決のためのデザイン提案を行う。

プログラム修了のためには、自分が一番得意とするスタジオに加え、最低もうひとつ、それ以外に興味のあるスタジオでデザイン手法を学び、さらに、スタジオ担当教員全員によるオムニバス形式の講義「環境統合デザイン論」を受講し、環境デザインにかかわる多面的、俯瞰的な視点を身につけることが求められる。

こうした世界的にも類を見ない幅広い分野のプログラムを学ぶことは、今後、学生たちが、他分野とのコラボレーションを前提とする環境デザインの現場で活躍するとき、きっと役立つことになるだろう。

Project

東京大学柏キャンパスにある新領域創成科学研究科の環境学研究系に設置されている大学院生向けの教育プログラムである。環境学の理念に基づき、フィールドで考え、自然環境から人工的な環境、私たちの社会システムまで人の暮らす環境を統合的にとらえ、都市や地域、あるいは建築のような生活空間をデザインする、実践型の教育プログラムとなっている。

環境学

環境にかかわる諸課題の解決を、多様な分野の協働で追究する学問分野。気候変動を例にとっても、温室効果ガスが大気に与える影響を観測・予測する大気物理学、CO_2吸収効率がいい森林管理を考える森林科学、自動車に依存しない都市を考える都市工学など様々な分野からのアプローチが必

本プログラムでは、建築・都市・農村・ランドスケープ・構造デザインなど、異分野の教員による計8つのデザインスタジオに加え、共通講義科目が用意され、それらを通じて専門分化したデザイン分野を再統合し、持続可能な地域社会の創造に挑む。例えば建築環境デザインスタジオでは、インドネシアのスラム地域での課題を解決するために建築設計を提案する。学生は事前に対象地域のデータを集め分析した後に、実際に現地に赴き、現場で地元の大学の学生や教員とともに課題にとりくむ。

自然環境デザインスタジオでは都市に残る自然を扱う。東京にもまとまった農地が残っている地域があり、周辺の住民に安心・安全な食を提供するだけでなく、災害時の避難場所として、あるいは雨水を貯留して洪水被害を緩和させる役割など、多くの機能を担っている。だがほとんどは私有地であり、世代交代とともに農地は減少していく。現地を見学し、農家に話を聞いたりしながら、学生ならではの視点から市街地に残る貴重な自然環境である農地をどうやって残していくかを提案する。その成果は学内だけでなく、地域の計画の参考とされるよう、地元の関係者や自治体にも提案される。

要になる。

◇**ひとことメモ**◇
2020年度から新プロジェクト「社会実験構想学」がスタートした。ISID（電通国際情報サービス）にあるオープンイノベーションラボ（通称イノラボ）との共同研究で、デザインスタジオから生まれた学生の提案を、民間企業の力を借りて社会で実装化するというプロジェクトで、イノラボが得意とするAI（人工知能）やビッグデータ、IOTなどの先端技術と学生の課題解決アイデアをかけ合わせ、テクノロジーの応用領域拡大にとりくむ。具体例として情報スタジオでは、「福島第一原発の帰宅困難区域の住民が感じている疎外感」を題材に、イノラボのフレームワークで「学生との協創型イノベーション」に挑んでいる。

プロジェクトのリーダー
寺田 徹 准教授

所属｜新領域創成科学研究科
専門分野｜緑地学・都市計画学
研究テーマ｜食料・エネルギーの自産自消構造を内包した都市郊外ランドスケープの再編に関する研究など

日本初の国際環境認証プラチナ取得！
新たな連携で都市をデザイン

UDCK（柏の葉アーバンデザインセンター）による
公・民・学連携の都市デザイン・マネジメント

クローズアップ

日本初の「公・民・学」連携とは？

まったく別々の分野に所属する組織が力を合わせ、協働してまちづくりをするという理念のもと、全国初の「公・民・学」連携によるUDCKが設置された。従来型の「産・官・学」連携にはない、住「民」・市「民」が含まれ、また「公」には行政だけでなく、地域社会に必要な新しい公共サービスを担うNPOも入る。「公・民・学」は非常に幅広い新しい概念であり、UDCKの活動のよりどころになっている。

これからのまちづくりを解くカギは、「公・民・学」連携によるコラボレーションの総合化・複合化＝「マス・コラボレーション」にある。柏の葉地区では先進的なマス・コラボレーションの実践を通じて、「公・民・学」がそれぞれの得意分野で力を出しあうことで、世界最先端のまちづくりをめざす。

Project

　激化する都市間競争への対応や、持続可能な都市運営に向けて、多主体が連携した方法による都市デザインが模索されるなか、本学柏キャンパスが立地する千葉県柏市「柏の葉地区」の新規開発地において、2006年に「公・民・学」連携による都市デザインを推進する拠点として「柏の葉アーバンデザインセンター（UDCK）」が創設された。

　柏の葉地区ではUDCKが中心となり、数々の先駆的な事業の遂行を通じて、アーバンデザインセンター方式ともいえる都市デザインとマネジメ

ントの方法、しくみの構築を進め、研究・教育とまちづくりをつなぐ社会連携を推進している。具体的には東京大学、千葉大学、千葉県、柏市、地元商工会議所、そして三井不動産などが連携し、環境・交通・健康等様々な分野での実証実験を行ってきた。2019年には今後の指針となる「スマートシティ実行計画」を策定し、推進している。

環境価値を向上させるオープンスペースととらえ直し、公・民・学の協力によって高質化した調整池「アクアテラス」。

柏の葉キャンパス駅前には、周辺の駅では見られないような緑が広がる。通常、駅前広場や道路は市が管理するが、この駅前西口は柏市とUDCKが協定を結び、UDCKが管理する*。沿道の企業に受益者負担を求めるなどして、公共空間のデザインとマネジメントを進めている。通常はコンクリートの壁に覆われて無味乾燥になる調整池もUDCKが管理して、池を望むデッキテラスや、法面(盛り土の傾斜面)を利用したイベントスペースなどを整備し、日中はまちの水辺空間として開放した。

柏の葉地区でのとりくみは、国際的な環境認証制度(LEED-ND まちづくり部門・計画認証)で最高ランクのプラチナ認証を日本で初めて取得(2016年)するなど世界からも高い評価を受ける。UDCKは日本が抱える課題を解決するため、今後もブレークスルーに向けてチャレンジしていく。

スマートシティ

2014年、エネルギーのマネジメントを中心としてスマートシティが駅周辺につくられたが、現在は新たなステージを迎え、まったく新しいタイプのスマートシティの構築を進めている。バスの自動運転などモビリティの充実、センシングによる公共空間のマネジメント、さらなる省エネをめざすエネルギーマネジメント、スマートホスピタル化などによる健康を育む街といった4つのテーマを掲げている。

＊2019年4月からは一般社団法人UDCKタウンマネジメントによる管理に移行。

プロジェクトのリーダー
出口 敦 教授

所属 | 新領域創成科学研究科
専門分野 | 都市計画・都市デザイン
研究テーマ | 持続可能な都市デザインとエリアマネジメントに関する研究など

都市と人間の居住地を包摂的、安全、レジリエントかつ持続可能にする

社会基盤×建築×都市計画で「個性」ある地域の復興をめざす!

復興デザイン研究体講座

クローズアップ

復興デザイン学とは?

卓越した研究者たちによる講義であり、全国各地の災害復興現場で格闘している実践者たちを招いて、学生とともに議論している。

阪神淡路大震災 (1995年) や糸魚川大火災 (2016年)、西日本豪雨 (2018年) といったさまざまな災害の実体験とそこからの復興、あるいは関東大震災の復興のような歴史的な事業が、現在の東京にどう影響を与えているのか。また

アメリカ南東部を襲ったハリケーン・カトリーナ (2005年) など海外の事例も含め、様々な専門家などから話を聞くことができる総合的な学習の場となっている。

参加者は公務員から、災害現場で働く人、現地に住み込んで活動を続ける設計者、理論研究を続けてきた大学教授、JICA (国際協力機構) で難民キャンプの支援を行ってきた方など多種多様である。

Project

高度な社会インフラが複雑に実装された都市部だけでなく、人口減少が顕著で土地利用マネジメントが難しくなりつつある集落部においても、それぞれの地域社会が、巨大な災害に見舞われた後に生活・生業空間を取り戻すため、自治体・国と連携しながら復興を実現していく必要がある。

本プロジェクトは、発生が予期される南海トラフ地震 (想定死者数 30 万人) や首都直下型地震に直面したときのために、復興を実践できる技術者を育成し、彼らが連携するネットワークの構築や、

そのネットワークを被災現場で実際に活用していくための知見を蓄積するため、東日本大震災後の2013年に、建設系分野の教員を中心に活動をはじめた。

具体的には、被災自治体からの委託による公共交通の実装実験（岩手県陸前高田市）、復興デザインセンターの運営（福島県南相馬市）、市民との復興プロジェクトなどにとりくんできた。学内においては東日本大震災の被災地域以外に、豪雨による広島市土砂災害（2014年）などを対象にした復興スタジオ（毎年15名程度の履修生）を実施。またコロナ禍で都市の構造が大きく変わることが想定された2020年夏学期には、東京・江東区の臨海部で新しい都市像を描く「東京2050」プロジェクトを開催した。その他、新潟中越地震被災地の現地研修や産官学を結びつけるフォーラムなども開催している。

このプロジェクトは「社会基盤」「建築」「都市計画」の3分野を複合的に実施するもので、現在データを活用してさらに幅広い分野と連携し、被災地に復興拠点としてラボの設置を試みている。被災した地域の「個性」を生かした復興を考えるのが、復興デザインという新しい学問である。平時においても、地域の持続可能性を考えるうえで必要不可欠なものだと考える。

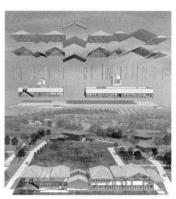

2013年度冬学期のデザインスタジオ「福島の風景再生計画」で出された双葉郡役場イメージ。

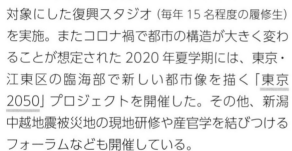

東京2050

COVID-19（新型コロナウイルス感染症）によって高密度・高集積型の従前の東京の都市構造が大きく揺らぐ中、2050年に向けてどのような都市像を東京で描けるか。また首都直下地震のリスクが高まる中、液状化や高潮、COVID-19といったさまざまな都市リスクの想定のもと、避難やリモート化による都市流動の変化に対応した新たな空間像を、事前復興（災害の発生を想定し、被害を軽減するためのまちづくりおよび都市計画）プランとして描くことを試みたプロジェクト。

プロジェクトのリーダー

羽藤英二 教授

所属｜工学系研究科
専門分野｜都市計画、土木計画学、交通計画
研究テーマ｜ネットワーク行動学、都市生活学など

世界最高水準の教育で
持続可能な未来社会を導く人材を！

「未来社会協創」国際卓越大学院

クローズアップ

未来社会協創人材とは？

顕在化した問題を解決する「問題解決型人材」の先をいく、論理的に未来社会を描き、関係者をつないでイノベーションの実現を担う人材をさす。

例えば、IoTやビッグデータ、ロボティックス、人工知能の飛躍的な深化・普遍化を代表とした各種科学技術の深耕だけでなく、社会経済システムの変革や法制度による規制の必要性、人々の生活と調和した製品・サービスの探求、経済発展、社会正義、環境保全が調和する未来社会の実現に向けた議論を、多様な分野の専門家や産官学民の関係者をつなぐ協創の中で推進できるような人のことである。本プログラム修了後、研究機関、国内外の公的機関、企業、市民組織などの構成員や起業家として経験を積み実績をあげ、その資質に磨きをかけながら、イノベーションを実現するための関係者との協創を牽引する真のリーダーとしての活躍を期待する。

Project

国際卓越大学院とは、世界最高水準の教育・研究力を結集した博士課程学位プログラムである。本プログラムは SDGs 達成に向けたグローバルな課題の中にある地域固有の問題を解決できる人材を育成することをめざし、縦割りになりがちな文系・理系の境界を超えた学びの場を提供する。

「未来社会協創」国際卓越大学院はいわば「未来に向けた課題指向型文理協創」教育プログラムと

IoT (Internet of Things)
「モノのインターネット化」を意味する。自動車などの乗り物や、テレビ、冷蔵庫といった家電などあらゆるモノがインターネットにつながり、様々な情報・データを送受信することで新たな価値が生み出される社会をさす。

して、専門知識の習得に加えて、課題解決の能力の習得を目標としている。

　教員は必ずしもひとつの分野だけで成果を挙げてきた教授だけではなく、自分の専門をもちながら他分野とパートナーシップを組んで課題解決できるような学生を育成している。例えば、太陽光パネルの研究で学位を取った学生が、大学院在学中に、太陽光電池パネルを使った消毒システムによって安全な水を提供するフィリピンでのプロジェクトにも参加するなどした。

　不確実さが増している昨今にあって、現実の問題を正確に読み取り、社会を構成する人々に寄り添った課題解決をはかるべきである。東京大学大学院では専門性を高める研究で成果を出してきたが、SDGsの解決を考えると、ひとつの専門だけではなく、幅広い分野の専門家をコーディネートし先を読んでいく人材を育てる必要がある。学生の中にも自分の専門だけでなく、幅広い視野をもてるような教育プログラムに対する潜在的な期待は高い。このプログラムは全学にわたって協調できるような、まさに東京大学大学院のチャレンジであると考える。

◇ひとことメモ◇
未来社会協創学特論
2020年春に行った集中講義では、1日目に水文学、社会学、情報学、地球科学、2日目に環境倫理、レジリエンス工学、漁業、国際政治学、最終日はグループワークで最後にプレゼンがあり、単元ごとに別の先生が担当し、教室には分野の違う先生も同席し、ディスカッションを行った。

**工学リテラシーⅢ
－サマーキャンプ－**
サマーキャンプというプログラムでは世界の13カ国18大学から参加し、世界のトップレベルの大学の学生がそれぞれの専門性を生かしてディスカッションした。例えばエネルギー問題について、都市の温暖化を制御するような機器をつくるクーラージャパン・プロジェクトを行った。

プロジェクトのメンバー
沖 大幹 教授、**浅見泰司** 教授、**横野泰之** 特任教授

所属｜工学系研究科
専門分野｜水文学（沖）　都市工学（浅見）　機械工学（横野）
研究テーマ｜地球規模の水循環および世界の水資源の持続可能性など（沖）　不動産市場分析、都市空間情報解析など（浅見）　工学教育、熱流体工学など（横野）

歴史研究×地震研究で災害データを長期予測に生かす！

過去の地震・火山に関する史料の収集・分析とデータベースの構築

クローズアップ　地理情報システムを利用した史料データベース

歴史史料を地震研究に生かそうというとりくみは長い歴史をもっている。明治時代からはじまり、現在までに40冊近い史料集が編纂されている。だが、いろいろなタイプの史料があり、検索しにくいため、それを電子テキスト化することによって、いつ、どこで大小の地震の揺れが感知されていたかを、容易に検索できるようなシステムをつくっている。

全3万ページほどの電子テキスト化がようやく完了しつつある。次は史料をさらに補充するとともに、そのテキストを使って分析した結果を統計などのグラフにして示し、さらに地図上に表示して公開することをめざしている。

Project

　地震・火山に関する理学・工学的な観測・研究を行う地震研究所と、前近代日本史史料の蒐集・研究・編纂を行う史料編纂所が連携し、地震火山史料連携研究機構が発足した。この学際的な研究機構で、史料から新たな理学的価値を引き出し、近代的な計器観測では得られない歴史時代の災害データを得ることができる。日本における地震活動や火山活動の長期的な情報を提供できる科学的なデータベースを構築して、公開をめざすのが本プロジェクトである。

　歴史的にみて、地震は同じ場所で同じタイプの

史料編纂所

東京大学史料編纂所は古代から明治維新期にいたる前近代の日本史史料を研究する研究所である。国内外に所在する史料の調査・収集と分析を行い、それを日本史の基幹史料集として編纂・公開している。

その歴史は江戸時代の和学講談所までさかのぼる。明治に入り政府の修史事業がはじまり、その後、帝国大学に移管され、戦後は東京大学の附属研究所となった。『大日本史料』『大日本古文

揺れが繰り返し起こることが知られている。だが、機器による観測データはせいぜい百数十年しかない。非常に長いサイクルで地震を解明するには、歴史史料を活用することが必要となる。現在、私たちが注目している史料は日記である。昔の人は地震を天気のようにとらえていたらしく、日記には天気に続けて地震について記している。日記は同じ人が同じ場所で長期にわたって記しているので、そこからある種の観測データが得られるのである。

　現在、安政元 (1854) 年に起きた安政東海・南海地震 (南海トラフ巨大地震のひとつ) と、そのほぼ1年後に起きた安政江戸地震 (南関東直下地震のひとつ) の前後の各地の震動状況を調べている。安政東海・南海地震の後、いったん全国的に余震が減るが、江戸地震の1カ月前から再び増えはじめていたことが史料から読み取れる。地震学的にこの2つの地震の関連性はわかっていないが、小さな揺れの状況も調べていけば2つの地震に何らかの関連がある可能性も見えてくる。また地震の前20年間の状況を調べると、安政東海・南海地震と昭和南海地震 (1946年) で、全国的な震度状況が似ていることもわかった。今後は、さらに対象年代を広げて安政南海トラフ地震前後の全国的な震度状況を解明したいと考えている。

プロジェクトのリーダー
榎原雅治 教授

所属｜地震火山史料連携研究機構機構
専門分野｜日本史
研究テーマ｜日本中世社会の研究

『書』などの多くの基幹史料集を刊行してきた。

◇**ひとことメモ**◇
本プロジェクトでは、考古学のデータから地震の痕跡を探るということも行っている。地層には地震による液状化によって砂が吹き出た痕跡「噴砂」が残っているので、過去にいつ頃、地震が起きたのかを推定することができる。江戸時代以降であれば史料と照合して、地震の発生をより確実なものにできると考えられる。

12

つくる責任
つかう責任

放射線環境学×社会科学で
原発被災地の「持続的な農業」を支援！

福島第一原発事故による
環境汚染からの農林水産業の復興支援

クローズアップ

農業復活のカギは
放射性物質の動きを科学的にとらえること

東日本大震災の原発事故は、放出された放射性物質による広大な環境汚染を引き起こし、東北地方を中心とする森林などの自然や農林水産業に大きなダメージを与えた。その復興のためには、降下した放射性物質がどこに、どのように留まるのかという動きを科学的データで正確に把握することが風評被害を防ぐためにも重要となる。私たちは放射線環境学の立場で、森林、林産物からコメや畑作物、家畜まで放射性物質が土壌でどのような「動き」をし、それが動植物に吸収されていったのかを広範囲に調査した。例えばイネなどの植物はカリウム（肥料）とセシウム（放射性物質）を吸収するしくみが似ており、土壌にカリウムが多いと放射性セシウムの吸収量が減少する性質をもつ。コメの汚染を防ぐのにどのくらいのカリウムを施肥すべきか比較研究した。

多数の原発が世界で稼働している。放射性物質を放出するような事故が起きた場合に、住民生活や生態系にどのような影響を与えるのかを知ることは、持続可能な開発に貢献するものと考える。

Project

　2011年、福島第一原子力発電所事故による放射能汚染で被害を受けた地域に対し、当時の長澤寛道研究科長が支援活動を呼びかけたことがプロジェクトのきっかけだ。本研究科には被災地の主要産業である農林水産業の専門家がそろっており、50名以上の教員が参加してスタートした。

　被災地の人々や地元自治体と連携しながら、ま

放射性セシウム

原発事故で除染対象になっている放射性物質。カリウムと同じ属（アルカリ金属）に含まれることから、化学的な性質はカリウムと似ている。イオン化傾向が大きいことから環境中でセシウム単体として存在する可能性は低く、化合物として、土

ずは科学的なデータの収集からはじめた。原発から飛散した放射性セシウムに由来する環境放射能の経年変化や土壌中や森林内での放射性セシウムの動態の長期モニタリングを実施している。自然科学の視点だけでなく、放射能に関する風評被害など社会科学的な視点からの調査も併せて行った。また、旧ソビエト連邦（現在のウクライナ）で発生したチェルノブイリ原発事故（1986年）の研究成果や知見を生かすため、当時世界でいち早く放射能の測定をはじめたスウェーデンの研究者・行政官とも連携し、シンポジウムや研修会を開いた。

　調査・研究にとどまらず、地域社会の立て直しにも協力している。被災地の多くは震災前から過疎化が進んでおり、従来型農業の維持が難しいという課題を抱える。そのため政府予算を獲得し、ICT（情報通信技術）を活用した新しい農業のあり方を模索してきた。学生も参加し、地元の人々とかかわりながら課題を見つけ解決に向けてとりくむという教育プログラムを実践できた。事故から10年たってもまだ放射性セシウムは土壌に残り、除染作業で発生した汚染土の保管・処理施設も決まっていない。時間とともに被災地への社会の関心が薄れていくことが懸念される。

壌や樹木、様々な構造物等に付着して存在しているものと考えられる。ほかの物質に付着しやすく一度付着すると離れにくい。（日本原子力研究開発機構HPより）

比較研究

カリウム施肥を行って事故から5年経過すると、収穫したコメから放射性セシウムが検出されることはほぼなくなった。だが、カリウム施肥は費用がかかるため永久に続けるわけにはいかず、どのタイミングでカリウム施肥を中止していいかの判断が難しい。また土壌の性質の違いによってもセシウムを固定し植物が吸収できなくなる能力が異なるため、カリウム施肥をやめると収穫米から検出される可能性は否定できない。

プロジェクトのリーダー
堤 伸浩 教授（研究科長）

所属｜農学生命科学研究科
専門分野｜植物分子育種学
研究テーマ｜農業形質決定遺伝子の機能解析および高速育種システムの構築

プラスチック利用の実態を明らかにし日本型の資源循環を提案する！

先端的な再生技術の導入と動脈産業との融合に向けたプラスチック循環の評価基盤の構築

クローズアップ

これまで見過ごされてきたプラスチックごみの実態とは？

昨今、海洋への流出が問題とされているプラスチックごみ（プラごみ）は、資源消費やCO_2排出の点からも重要な社会問題のひとつだ。一般消費者のマナーに関する側面が注目されがちであるが、一般家庭からの容器包装プラごみについては約75％（人口比）の市町村で分別・リサイクルが行われ、小売業の店頭でのレジ袋の有料化も義務化された。だが、それらは日本全体のプラごみの一部にすぎない。プラスチックは家電製品から自動車、日用雑貨など幅広い製品で使用される。それら製品の部品や、製品の輸送に使用される梱包資材など、あらゆる産業のプロセスに大量のプラスチックが使用されている。プラごみの多くを占める産業から排出されるプラごみが見過ごされている点が問題だ。

これらのプラごみはリサイクル法がカバーしておらず、誰がどれだけの量を廃棄しているか実態がわかっていない。プラごみ全体への効果的な対策が急務である。

Project

　誰がどれくらい、どのような用途のプラスチックを購入しているのかが明らかになれば、どこからプラごみが出るかもみえてくる。プラスチックの国内需要（2015年）を分析した結果、需要先は家庭の29％に対し、産業が71％と多い。利用方法では容器包装が需要全体の51％（家庭用の70％、産業用の43％）に当たる。容器包装の利用量でみると、家庭が160万トンで、産業は247

レジ袋の有料化

海洋プラスチックごみ問題などが世界的課題となる中、環境省など関係9省庁が2019年に「プラスチック資源循環戦略」を策定した。3R（リデュース、リユース、リサイクル）＋Renewable（再生可能資源への代替）を基本原則とし、「2030年までにワンウェイ（使い捨て）プラスチックを累積で25％排

万トンに上る。だが、このうち家庭から排出されるプラごみでリサイクルされているのが70万トンなのに対し、産業においてリサイクル目的の回収が確認できる量は29万〜38万トンに過ぎず、産業のリサイクル率が低いことがわかる。産業から排出されるプラごみを回収しなければ、全体のリサイクル率を上げることはできない。

　用途別では、容器包装のうち家庭・産業用ともに最も多いのが「一次産業・飲食料品」関連、つまり食品を梱包・包装するためのプラスチックである。この分野でどれだけ削減・リサイクルを実行できるかが、政府が掲げた削減目標達成のカギとなる。環境省は2020年11月、事業者に対してもプラスチックの排出抑制や分別・リサイクルの徹底などのとりくみを行うことを求める方針を固めており、私たちの研究結果と同じ方向性を示しつつあると思われる。

　今後はリサイクル方法についても研究していく。欧州などでは再生プラスチック量を増やすことを目標にしてきたが、廃プラスチックには汚れや臭いが付着していることが多く、特に厳しい品質基準が求められる食品向けの容器包装へのリサイクルはハードルが高い。そのため、フィードストックリサイクルとして化学原料に再生したほうが効率的になる可能性がある。欧州型とは異なる日本型のプラスチック資源循環のあり方を提案したい。

プロジェクトのリーダー
中谷 隼 講師

所属｜工学系研究科都市工学専攻都市環境工学講座
専門分野｜環境システム工学
研究テーマ｜資源循環の物質フロー分析とライフサイクル評価

出抑制」「バイオマス（植物由来）プラスチックの導入」などの目標を設定。2020年のレジ袋有料化も同戦略にある「リデュース等の徹底」のための施策のひとつとして、消費者のライフスタイル変革を促進する方針のもと実施された。（環境省HPより）

フィードストックリサイクル（ケミカルリサイクル）
廃プラスチックを、分解や再重合といった化学的な操作によって化学原料に再生するリサイクル方法。廃プラスチックを熱分解によって油に戻す技術から、ガス化してアンモニアなどの化学原料にリサイクルする技術、鉄鋼生産のための還元剤として利用する技術まで、様々な技術が実用化されている。

環境負荷の少ない
レアメタルのリサイクル技術を開発！

安定かつ経済的な資源循環型社会を実現する研究

クローズアップ

貴金属が眠る「都市鉱山」とは？

「都市鉱山」とは、ごみとして大量に廃棄される携帯電話や家電製品、自動車の部品に含まれる貴金属やレアメタルなどの有用な資源をさし、これをリサイクルし有効活用しようという視点から「鉱山」に見立てた言葉である。

貴金属やレアメタルといった金属資源は採掘される国が偏っており、生産地域の政情や当該国の政策が供給に大きな影響を与え、市場価格が急激に変動するリスクを常に抱えている。このためハイテク産業に欠かせないレアメタルの安定的確保が重要な課題となっている。廃棄される家電製品などを都市鉱山ととらえると、日本は世界有数の資源大国と考えることができる。資源のない日本にとって、そこからレアメタルを効率よく回収・再利用する新技術の開発は、資源セキュリティーという観点からも非常に重要だと考えられている。

Project

　本プロジェクトでは、都市鉱山に埋もれているレアメタルについて、従来より環境負荷の少ないリサイクル技術を開発した。

　レアメタルの中でおもにリサイクルされているのは白金やパラジウムといった白金族金属である。これらは自動車の排ガス浄化触媒として使用されており、将来的には燃料電池の触媒としての需要も増大すると考えられる。その一方で主要生産国であるロシアなどの政策次第で供給量が減り、価

レアメタル
地球上の存在量が稀であるか、技術的・経済的な理由で抽出困難な金属。安定供給の確保が政策的に重要で、産業に利用されるケースが多い。レアメタルのうち、スカンジウム、ランタン、ネオジムなどの17元素のグループは「レアアース（希土類金属）」と呼ばれている。

格が高騰する可能性が常に不安視されている。

　そのためリサイクルも進んでいるが、従来の方法では、有害な重金属や酸化剤を含む廃液が大量に発生するなどの問題がある。さらに今後10年間で廃棄される自動車などの数量が現在の2倍以上に増える見込みで、環境負荷も増大する。

　本プロジェクトでは、白金を合金化・塩化処理し、イオン化してから溶解することで、酸化剤を使わずにすむ新しいプロセスを考案した。これにより廃液に酸化剤が含まれず、また処理速度が速く小規模施設でのリサイクルも可能となる。

　現在は、チタンのリサイクル技術の開発を行っている。軽くて強く、耐食性に優れるチタンは航空宇宙分野のほかあらゆるハイテク製品に使用されるが、酸化しやすい性質をもち、加工・製造段階で酸素汚染（酸化）された大量のチタンスクラップ（切削クズ）が生じる。10トンのチタン部材をつくるのに、チタン・インゴッド（地金）が100トンも必要で、多量のスクラップが発生する。これまでチタンスクラップから酸素を取り除いてリサイクルすることは困難とされてきた。私たちはチタンスクラップから直接、酸素を除去する新技術を世界で初めて確立し、大量のチタンスクラップを再利用するアップグレード・リサイクル技術の扉を開きつつある。

アップグレード・リサイクル
より高品位で、付加価値の高いものにリサイクルすること。これはどのような製品（素材）へ再商品化するのかという視点からみたリサイクルの種類で、例えばアルミ缶をリサイクルして再びアルミ缶にすることを水平リサイクル、ペットボトルをリサイクルしてより低品位なプラスチック製品にすることをカスケード・リサイクルという。

プロジェクトのリーダー
岡部 徹 教授

所属｜生産技術研究所
専門分野｜循環資源・材料プロセス工学
研究テーマ｜高付加価値無機素材の高効率回収プロセスの開発

「循環型社会」実現に不可欠な 環境負荷の新しい評価手法を確立する！

持続可能な資源利用のための評価手法

クローズアップ

CO₂排出量だけじゃない 「持続可能な資源循環」実現に必要なこと

日本は多くの天然資源を海外に依存するものの、それがどのように開発され環境に影響を与えているか、正しく評価できているとはいえない。環境負荷については地球温暖化との関連でCO_2排出量に焦点が当てられることが多いが、鉱山開発の環境負荷はCO_2排出量だけではない。

化石燃料を使わず水力発電を利用して掘削すればエネルギー的にはクリーンだが、大量に使用される淡水資源の観点からすれば環境への負荷は小さくない。鉱山の環境負荷は掘削面積だけで単純に比較できるものではなく、どこを掘削するかによっても生態系に与える影響が異なってくる。

本質的な「持続可能な資源循環」のあり方を描き出すには、天然資源開発やリサイクルだけでなく、トータルな環境面での評価が必要になってくる。環境のどの側面を優先させるかが重要で、正しい評価方法を確立することが急務だ。

Project

　消費する天然資源と最終処分されるごみの量を可能な限り減らす循環型社会を実現するため、「天然資源利用の環境負荷」以外に次の３点を研究の柱としている。まず、トレーサビリティ（追跡可能性）を向上させモノの流れを正確に把握すること。どこにどれだけのモノやエネルギーが使われ、どのような形でリサイクルやリユースに回されているのかを可視化し、追跡可能な状態にす

IoT (Internet of Things)
「モノのインターネット化」を意味する。自動車などの乗り物や、テレビ、冷蔵庫などの家電などあらゆるモノがインターネットにつながり、様々な情報・データを送受信することで新たな価値が生み出される社会をさす。

ることだ。IoT などの最新技術を駆使して、モノの流れに関する情報基盤を構築することにより、環境負荷の低減や資源の利用効率の点から適正な評価方法を確立し、社会システムの最適化を図る。

ついで、シェアリングやサブスクリプションといった PSS（製品サービス・システム）などの、新しいビジネスモデルの導入を促すことである。モノを売らずにサービスを売るビジネスモデルが拡大すれば、資源の利用効率を上げることが可能になる。ビジネスモデルや企業を正しく評価することができれば ESG 投資といった資金を呼び込み、消費者の受容が広がって循環型社会への転換が進む。現状では ESG 投資の際、CO_2 排出量ばかりが注目されがちだが、今後はいかに資源を有効に活用しているかという視点に転換されるべきだ。

３つめは、産業や企業の間の連携を深めることによって資源の利用効率を高めること。ある企業にとっては廃棄物でも、別の企業には有用な物質だったりする。各企業の要・不要必要物質に関する情報を交換できるネットワークを築くことで、資源の有効利用につながる。日本の素材産業は個社ごとに技術的には強みをもつが、産業全体として資源の利用効率を向上させる余地はまだ残されている。純度の高い天然資源の多くはすでに採掘され、不純物とされる物質が増える傾向にあり、それをいかに生かせるかが重要になる。

プロジェクトのリーダー
村上進亮 准教授

所属｜工学系研究科
専門分野｜社会システム設計・評価、資源経済学、Industrial Ecology
研究テーマ｜持続可能な資源利用へ向けた社会システム設計

PSS（製品サービス・システム）
Product-Service Systems の略。モノを売るのではなく、サービスを売るビジネスのしくみ。例えば企業が自動車をサービスとして提供し、消費者は自動車を購入・所有することなく利用できるカーシェアリングが代表例で、消費者が製品・サービスを所有せず対価を支払って利用できるサブスクリプションなどがある。1992年の地球サミット（リオ＋10）が契機となり、持続可能な開発や資源利用を念頭に新たなビジネスモデルとしての研究が進み、多くの企業などがとりくむようになった。

ESG投資
従来の財務情報だけでなく、環境（Environment）・社会（Social）・ガバナンス（Governance）要素も考慮した投資のこと。気候変動などを念頭においた長期的なリスクマネジメントや、企業の新たな収益創出の機会（オポチュニティ）を評価するベンチマークとして、国連持続可能な開発目標（SDGs）と合わせて注目されている。

欧州ではすでに「経営戦略」化
日本でもサーキュラーエコノミーを実現！

サーキュラーエコノミーを実現するためのシステム技術

クローズアップ

循環型社会への転換に不可欠な
PSSとプロバイダー

従来の大量生産・消費社会から持続可能な循環型社会への転換をめざすにあたり、役割が大きくなるのがプロバイダー（提供者）である。消費者に製品を販売するのでなく、サービスだけを提供する「製品サービスシステム」（PSS）の担い手だ。レンタル、シェアリングやサブスクリプションなどのしくみで知られる。従来は製造した航空機エンジンを販売し、その後の交換部品の提供で利益をあげていた英ロールスロイス社がそのモデルを転換し、航空会社にエンジンを貸し出しメンテナンスも一括で引き受けるというトータルケアサービスを導入した例が注目されている。PSSが資源の有効利用につながり、利用者にとっても購入するより安い費用ですむというメリットがあり、ビジネスモデルとしても成立する。消費者がモノの所有にこだわらなくなってきたことも背景にあり、不要になったモノをオンライン上で売買することも、再利用を促す循環のひとつだ。

Project

社会の中で可能な限り製品・資源を循環させ廃棄物を最小限にするため、従来から 3R としてのとりくみが推進されてきたが、収益を生まず資金投入が必要になることも少なくなかった。だが、欧州が新たにとりくみはじめたサーキュラーエコノミー（循環経済）ではすでに環境対策の域を超え、事業収益をもたらす「経営戦略」に位置づけられており、IoT（モノのインターネット化）やAI（人工知能）、

サブスクリプション
製品を購入し所有するのでなく、製品やサービスを利用する期間に応じて料金を支払うシステム。

3R
環境と経済が両立した循環型社会を形成していくための３つの取り組みの頭文字をとったもの。Reduce（廃棄物の発生抑制）、Reuse（再

ビッグデータといったデジタル技術との融合で実現しようとしている。本プロジェクトでは、これをわが国でも実現することをめざす。

サーキュラーエコノミーの手法としては既述のPSSのほか、リマニュファクチュアリングなど、すでに事業化されている事例もある。しかし、多くの製品が設計・生産段階で再利用を前提としておらず、結果としてリサイクル時にコストがかかったり、原料の供給が安定していなかったり、品質の低下が起きたりするなど、循環の障害になっていた。そこで、ライフサイクル工学を導入することにより、リサイクル率や資源回収率の向上、製品の長寿命化を図り、環境負荷の低減をめざす。ボールペンならインクが切れた後、インクの交換やリマニュファクチュアリングが容易になるよう設計したり、車なら最初からカーシェアリングに適した自動車を生産することである。

製品が廃棄される理由は、故障や劣化だけでない。衣類など外見が重視される製品では見た目が時代遅れとなり、パソコンやスマホなど技術進歩の速い製品では競合製品に比べ機能や性能で劣ると、「飽きた」「物足りない」という理由で捨てられてしまう。廃棄理由は製品の種類によって異なることから、ビッグデータなどを解析し、製品寿命の延命や再生のための対策をとる必要がある。

使用)、Recycle(再資源化)の順で取り組むことが求められる。

リマニュファクチュアリング
使用ずみ製品を回収し分解・洗浄・部品交換を経て、新品に近い状態に再生し販売すること。

ライフサイクル工学
自動車や家電製品、パソコンなどの工業製品本体だけでなく、製品の一生であるライフサイクル全体(企画、設計、運用保守・管理など)を設計、マネジメントする方法論の研究。

12 つくる責任
つかう責任
∞

プロジェクトのリーダー
梅田 靖 教授

所属 | 人工物工学研究センター
専門分野 | 設計学、ライフサイクル工学、知的生産システム工学
研究テーマ | 製品ライフサイクル設計、持続可能社会設計シナリオ

革新的な政策プロセスから
アジアでのSCP実現へ貢献する！

アジア地域における持続可能な
消費・生産パターン定着のための政策デザインと評価

クローズアップ

社会システムをSCPへ転換

従来型の経済は、生産がより大きな消費を生み、その消費がさらに大きな生産をもたらす大量生産・大量消費・大量廃棄システムだった。だがこれでは環境負荷と資源消費を増大させるばかりであり、人類の活動は地球1個だけでは足りなくなる。社会全体をSCP（持続可能な消費と生産）へと転換しなければならない。

その際、カギになるのは充足性である。従来型の経済はモノを所有したいという消費者の欲求を刺激し生産を拡大してきたが、モノから充足感を得るためには必ずしも所有する必要はない。

例えば自動車を所有しなくても、カーシェアリングなどのサービスを充実させれば、好きなときに自動車を運転し移動したいという欲求は満たされる。生産規模や環境負荷を減らしながらも、消費者の満足度を高めることができれば、SCPへの転換が可能になるだろう。

Project

SCPの実現には、環境意識を高め所有にこだわらないライフスタイルなどの啓発活動とともに、本研究のおもな対象となった東南アジアでも普及するスマートフォンをはじめとしたデジタル技術の活用が欠かせない。例えばスマホからカーシェアリングやライドシェア（相乗り）などのシェアリングサービスを気軽に利用・決済できるしくみだ。

ただしシェアリングが必ずしも環境負荷を下げ

SCP（持続可能な消費と生産）
Sustainable Consumption and Productionの略。2012年の国連持続可能な開発会議（リオ+20）で、低炭素型ライフスタイルと社会システム確立を目的とする国際的な協力枠組み「持続可能な消費と生産（SCP）に関する10年計画枠組み」（SCP 10YFP）が採択された。SDGsにおいてもSCP

るわけではなく、ライフサイクルアセスメント手法を使って、どのようなシェアリングにその効果があるかを評価する必要がある。カーシェアリングであれば、事業に投入される自動車の数、自動車全体の生産台数や移動需要の変化、シェアによる消費者行動の変容など、環境や社会経済への影響を科学的に分析しなくてはならない。

　また、製品やサービスの充足性を高めるためには、消費と生産をいかに連携させるかも重要である。世界共通の大量生産による製品は安価であっても、国や地域によって異なる消費者ニーズを満たせない。本プロジェクトでは、文献や世帯訪問による調査に加え、既存の現地製品への機能分析を通して、地域特有の課題やニーズを認識できるようにするシステムを開発している。ベトナムでは、家族で釜を囲む食習慣を維持しつつ、熱効率を改善する炊飯器の改良案を示すなど、製品のローカル化・カスタム化をはかった。

　SCPを環境政策だけではなく社会経済・技術政策にまで広め推進するには、国や地域の実情に合った政策の立案が必要になるが、一部の官僚・政治家だけでなく多くの市民が「どのような社会をめざすか」を話し合う、ボトムアップによる立案プロセスが必要となる。本プロジェクトでは、消費者と生産者が意見を出し合い連携する政策共創プロセスについても提案している。

プロジェクトのリーダー
平尾雅彦 教授

所属｜工学系研究科
専門分野｜環境プロセスシステム工学
研究テーマ｜環境配慮型プロセスシステム及び社会システム設計

はゴール12のターゲット12.1「開発途上国の開発状況や能力を勘案しつつ、持続可能な消費と生産に関する10年計画枠組みを実施し、先進国主導の下、すべての国々が対策を講じる」などと明記され、重要な目標のひとつとなっている。

ライフサイクルアセスメント手法
製品に関する資源の採取、製造、輸送、廃棄など、すべての段階（ライフサイクル）を通して環境影響を定量的、客観的に評価する手法。

Goal

13

気候変動に
具体的な対策を

石油コンビナートから
バイオマス・コンビナートへ！

バイオマス・ショア（三菱ガス化学、三菱商事、ENEOS、日新商事）
寄付講座

クローズアップ

微細藻類の新しい利用方法
「藻農業」(Algaculture) とは？

近年の地球温暖化は「気候狂暴化」という状況にまできている。これをくい止めるためには、二酸化炭素を排出する石油などの化石燃料の利用を、産業活動において大幅に削減する必要がある。石油は燃料、プラスチックなどあらゆる化学製品の原料として使用されている。

石油に代わるものとして注目されているのが微細藻類だ。微細藻類がつくりだす脂質の燃料化は第二次世界大戦前から試みられてきた歴史があり、ジェット燃料の代替として米国でも大規模な予算を投じた研究が行われてきたが、多くは生産コストの壁を越えられず、微細藻類の利用は現在、健康食品など一部に過ぎない。その原因は、微細藻類生産を工業的に行うことを前提としていたことが大きい。私たちは農業的生産をコンセプトとすることで、経済収支、二酸化炭素収支の持続可能性を追求している。それが「藻農業」(Algaculture) で、実現されれば新たな産業の創出につながるだろう。

Project

　二酸化炭素の排出削減をテーマに進められているこのプロジェクトでは、南米ペルーの海岸沙漠を候補地とし、微細藻類水田をつくり、海洋深層水の濃縮水を利用して微細藻類培養を行い、得られたバイオマスから社会基盤原料となる様々な有機物質（タンパク質、炭水化物、脂質など）を抽出して利用する。海洋深層水は、再生可能エネルギー

藻農業 (Algaculture)
海洋の微細藻類は、一般的に赤潮やアオコなどで知られているが、光合成生物による有機物の年間生産量では陸上で500億〜600億トンC（炭素量で示した単位）、海洋上で400億〜500億トンCと推定され、驚くほど生産量が高い。それらを

で淡水と濃縮水に分け、農業や陸上養殖にも利用していく。全体像は、微細藻類培養を核にしたバイオリファイナリー産業を中心に、スマートアグリカルチャー、スマートアクアカルチャー、発酵産業などを有機的

バイオマス・ショア構想のイメージ図

に結合配置させたバイオマス・コンビナートである。

　プロジェクト実現に向けては3つの目標を掲げた。二酸化炭素排出削減は地球規模の問題であり、それに貢献するために「大規模」であること。プロジェクトを持続するために「プラス経済収支」であること。地球の危機が一刻の猶予もないことから、「短期間」で実用化を図ることだ。

　ペルーを候補地としたのは、降雨量が少なく、植物の生育しない沙漠海岸が広大にあり、安く利用できるためだ。表層水に比べてバクテリアが少なく、微細藻類の培養を低コストで行える海洋深層水が大量に湧き出る場所でもある。コンビナートに必要なエネルギーはすべて再生可能エネルギーでまかなう。プロジェクトは最低でも10万ヘクタールの敷地を利用する大規模なもので、実現すれば産業構造を変革する可能性を秘めている。

人為的に培養し、有効利用するのが藻農業で、欧米では藻を意味するAlgaと農業 (Agriculture) をかけあわせたAlgacultureという新語が10年ほど前に生まれている。

バイオマス
再生可能な生物由来の有機性資源であり、バイオマスを用いた燃料は「バイオ燃料」と呼ばれる。バイオ燃料を燃やすときに排出される二酸化炭素は、その生物が光合成によって吸収した二酸化炭素であり、収支として二酸化炭素を増やさない (カーボン・ニュートラル)。サトウキビ・トウモロコシなどを原料とする栽培作物系、生ごみ・下水汚泥・家畜糞尿などを原料とする廃棄物系などがある。

プロジェクトのリーダー
倉橋みどり 特任准教授

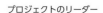

所属｜農学生命科学研究科
専門分野｜応用微生物学、海洋細菌の分子系統分類
研究テーマ｜低炭素を実現しながら産業活動を行う持続可能社会の構築、具体的には、気候変動対策と同時に行う食糧、バイオリファイナリーなど社会基盤原料の供給システム

大規模データの利用を効率化し
より精密な気候変動の予測に貢献！

水と気候のビッグデータ研究拠点

クローズアップ

増大しつつある
気候変動による自然災害の経済損失

台風やハリケーンの大型化、豪雨による洪水被害、異常高温や熱波の襲来、深刻な干ばつ、大規模な森林火災など、地球温暖化による気候変動によって毎年のように世界各国を自然災害が襲っている。これにより多くの人命・家屋が失われたり、農作物の生産性が低下するなど深刻な被害が出ている。国連国際防災戦略事務局の報告（2018年）によると、2017年までの20年間で、気候変動に起因する災害によって世界が被った経済損失は約252兆円にのぼる。その前の20年間（1978〜97年）では約100兆円で、損失額は約2.5倍に増加している。

こうした被害を最小限にとどめるために、包括的な気候変動への適応策が不可欠であるという認識が世界での共通課題になりつつある。そのために必要になるのが気象の将来予測だが、観測衛星や最新の気候モデルなどをもとに計算しても、まだ高精度で正確な予測が難しいのが現実だ。

Project

このプロジェクトは、様々な場所にある気候変動予測に必要な大規模データを、効率的に解析できる体制を構築することを目的としている。

気候変動にともなう水循環と降水特性が将来どのように変化するかを予測するには、気象衛星ひまわり8号や全球降水観測計画（GPM）衛星をはじめとする高機能衛星による地球観測データや、MIROC をはじめとする世界の気候モデル実験

MIROC

the Model for Inter-diciplinary Research on Climateの略。東京大学と国立環境研究所、海洋研究開発機構の共同で開発された、将来の気候変動を予測するための、地球全体の大気・海洋・陸面における物理過程をシミュレーションする全球気候モデル。

データ（CMIP6）、全球雲解像モデル実験データなどが必要になる。これらのデータは DIAS などにより収集、蓄積、解析されているために、利用しやすくはなっているものの、衛星観測や数値モデルが生み出すデータは急激に大容量化しており、何十 PB（ペタバイト。1PB ＝ 1024TB）にもなるデータも少なくない。研究、解析のために研究者の手元にあるデスクトップ PC や大学などがもつサーバにダウンロードすることは不可能に近い。

　このためそのつど、必要なデータだけをダウンロードして扱っているのが現状である。時間もかかるうえに、一度に大量のデータを扱えない不便さが、研究スピードにも影響を与えている。

　そこで大規模データをもつさまざまなサーバを有機的に連携しマウントすることで、データをダウンロードすることなく、手元の PC にあるかのように利用できるようにする。そうすれば、例えば気候変動にともなって雲の動きがどのように変化しているかなどを分析するのに、何十年にもわたる気象データや衛星画像、気候モデルデータを一度に解析することができるようになる。

　これが実現すれば、このネットワーク自体がバーチャルな研究拠点となり、世界中の研究者が大容量のデータを効率的に利用でき、共同での研究も進めやすくなると考えている。

CMIP6
Coupled Model Inter-comparison Project Phase 6 の略。気候変動に関する政府間パネル第6次報告書（IPCC AR6）のための世界の気候モデルによる現在および将来シナリオ実験の相互比較プロジェクトであり、60以上の気候モデル実験が参加している。

DIAS
Data Integration and Analysis System の略。東京大学が開発したデータ統合・解析システム。地球規模および各地の観測から得られたデータを収集・蓄積・解析し、環境問題や大規模自然災害の危機管理に資することを目的とする。学際的な協働に必要な情報基盤として世界の先進事例と評価される。

マウント
コンピュータのオペレーティング・システムなどから、外部の記憶装置へアクセスし、操作・利用可能な状態にすること。

プロジェクトのリーダー
高薮 縁 教授

所属｜大気海洋研究所
専門分野｜気象・海洋物理・陸水学
研究テーマ｜気候と熱帯気象と降水の関係

気候変動への正しい対策のため世界最先端の気候モデルを開発！

気候変動対策に資する科学知見の創出・提供

クローズアップ

気候変動の評価・対策に不可欠「気候モデル」とは？

「気候変動に関する政府間パネル」(IPCC) の報告書によると、20世紀半ば以降に観測されてきた温暖化の支配的要因が人間活動であった可能性が極めて高い。このまま対策をとらなければ気温はさらに上昇し、様々な影響が世界各地に出ると考えられる。ただ、温暖化がもたらす異常気象はこれまで人類が経験してきたものとは異なるため、過去の観測結果からは正確に予測できない。

だが、地球温暖化によって何がどのように変わるかを高い精度で予測できなければ、正しい対策も立てられない。そこで登場したのがスーパーコンピュータを駆使する気候モデルである。それによる予測データは、IPCCなどの国際機関・各国政府による気候変動評価・対策に不可欠の存在となっており、今後はより精度と信頼性を向上させた気候モデルの開発が求められる。

Project

気候モデルとは、大気がどう動き、雨がどのように降り、海水がどう動くかといった自然現象を、流体力学や熱力学をはじめとした物理法則に従って定式化し、コンピュータによって地球上の気候を再現しようとする計算プログラムである。そのプログラムの量は何十万行にも上り、研究者たちがチームを組んでとりくむ。基本的には同じモデルが、数日先から数カ月先の天気予報を出す際にも使われている。私たちが気候モデルの開発にと

気候変動に関する政府間パネル (IPCC)

Intergovernmental Panel on Climate Change の略。人為起源による気候変化、影響、適応および緩和方策に関し、科学的、技術的、社会経済学的な見地から包括的な評価を行うことを目的として、1988 年に世界気象機関 (WMO) と国連環境計画 (UNEP) により設立された。

りくみはじめた20年ほど前の長期予報は、過去のデータをもとにした勘と経験によるものだったが、現在では気候モデルによる長期予報が可能になった。

　気候モデルの精度を上げるためには絶えず改良する必要があるが、大きくかかわるのが計算するスーパーコンピュータの性能だ。モデルでは地球の表面をメッシュ（格子状）に区切り、メッシュごとに定式をあてはめ予測データを計算するため、このメッシュが小さいほど現実の気候に近づくことになる。コンピュータの計算処理能力は近年、格段にアップしており、20年前のメッシュは300km四方が限界だったところを、今ではそれを数十km四方にまで小さくできる。

　また人工衛星からは、従来わからなかった雲の中にある粒子の状況まで分析できるようになるなど観測データの質も向上している。それらをモデルによる数値実験に融合させながら、今後は国内の研究グループと協力し、人為的な温室効果ガスの排出に対して自然システムがどう応答するのかまで予測できる世界最先端の気候モデルを開発し、世界の気候変動影響評価・対策策定の基本データとして提供したいと考える。

異常気象
この用語について一般的に誤解されている向きもあるが、この場合の「異常」は正常か異常かという意味での異常をさしているわけではない。地球温暖化や都市化の有無にかかわらず気象とは揺らぐもので、異常気象がときどき起こること自体は異常ではない。気象学における異常気象の定義は、短時間で起こる集中豪雨や1カ月以上の長期的平均気温など対象とする気象現象が、統計的に30年に一度以下の頻度でしか起こらない「めずらしい」ことであった場合をさす。

プロジェクトのリーダー
木本昌秀 教授

所属｜大気海洋研究所
専門分野｜気象学・気候力学
研究テーマ｜気候変動／大気 - 海洋結合系の数値モデリング

陸での気候変動予測を高精度化し
災害に強いまちづくりに貢献する！

統合的気候モデル高度化に資する陸域モデル開発

クローズアップ 「統合陸域シミュレータ」(ILS) とは？

気候変動がもたらす地球への影響の大きさが指摘されはじめたのは1970年代以降のことだ。現在は1988年に設立された「気候変動に関する政府間パネル」(IPCC)のもとで、各国が気候変動とその影響を予測している。気候変動予測は大気や海洋への影響を対象に行われているが、なかでも予測が難しいとされてきたのが「陸地」への影響だ。大気は窒素などの気体、海洋は水で占められるため比較的シミュレーションしやすいが、陸地は土壌・河川・動植物などの

自然に加え、人間が住み、建物を建て、生産活動を行っている。気候変動が陸地にどのように影響するかを予測するためにはそうした複雑な要素を加味することが必要となる。

「統合陸域シミュレータ」(ILS) はその複雑な過程を考慮して地球規模で陸域への影響をモデル化するものだ。これにより、気候変動によって雨の降り方が変わった場合、水資源の変動から洪水や渇水がどのように起きるのかが予測できるようになる。

Project

統合陸域シミュレータ (ILS) は「入れ物」にあたり、様々な要素の計測モデルが順次加味されている。例えば大気・土壌・植物間での温室効果ガス排出・吸収の収支変化 (陸域生態系モデル) や人間の生産活動による水利用変化 (水資源モデル)、穀物収穫量変化 (農作物生産モデル)、森林や農地などの土地利用の変化 (土地利用モデル) などだ。また

気候変動に関する政府間パネル (IPCC)
Intergovernmental Panel on Climate Change の略。人為起源による気候変化、影響、適応および緩和方策に関し、科学的、技術的、社会経済学的な見地から包括的な評価を行うことを目的として、1988年に世界

スーパーコンピュータの性能向上と観測データの拡充により気候変動シミュレーションは精度が増し、対象範囲をより狭くすることができるようになってきている。今めざしているのは、1km単位で風雨の被害をシミュレーションすることだ。

　地球温暖化の進行を止めるために現在、世界規模で温室効果ガスの排出削減が進められているが、その進展度合いにより数十年先の食料生産の行方や洪水被害の状況は大きく変わってくる。ILSではそれに応じた長期シミュレーションが可能となり、市町村レベルの狭い範囲での予測が目標だ。

　これまでまちづくりは気候変動を考慮せずに行われてきた。しかし近年、従来の予測を超える自然災害が頻発し、ハザードマップが通用しないケースが出てきている。これらはすでに起こりはじめている気候変動の影響と考えられるため、変動する災害リスクを回避し、持続可能なまちづくりにこのILSによるシミュレーションが貢献できると考えている。またILSを大気・海洋の大循環モデルと結合することで、気候モデル全体の精度の向上につなげていきたい。

気象機関 (WMO) と国連環境計画 (UNEP) により設立された。

ハザードマップ
地震・津波・洪水・火災など自然災害による被害を予測し、その状況を地図化したもの。ハザードマップの作成と利用により、災害発生時に住民が迅速に避難できることをめざしている。従来の予測を超えた災害が発生したときはハザードマップで対応できない可能性があり、その作成は更新が続けられている。

プロジェクトのメンバー
芳村 圭 教授、**新田友子** 助教、**大沼 友貴彦** 特任研究員

所属 | 生産技術研究所附属大規模実験高度解析推進基盤
専門分野 | 水文学・気候学・雪氷学
研究テーマ | 全球陸域モデルの高度化

異常気象の予測精度向上のため気候変動のメカニズムを解明する！

ベルモント・フォーラム共同研究活動「季節〜10年規模の地域間連関が気候予測の改善へ向けて持つ潜在的可能性」

クローズアップ

「持続可能な社会」に不可欠な環境変動研究の加速に世界の科学者がタッグ

ベルモント・フォーラムは、地球の環境変動に関する研究への支援を行う世界各国のファンディング・エージェンシー（研究支援機関）および国際的な科学組織で構成される団体で、国際的な共同研究を加速させる目的で2009年に設立された。環境関連のテーマを設定して、多国間（3カ国以上）の研究者グループによる研究企画を公募する。合同審査を通じて採択された企画に対しては、研究を分担する国のファンディング・エージェンシーがそれぞれ資金援助を行う。今回のプロジェクトでは、日本、ドイツ、ノルウェー、スウェーデン、英国、中国の6カ国の研究者が集結し、北極・熱帯・中緯度という地域間における気候変動がどのように影響し合うかを中心に、2016年から2020年まで研究を重ねた。

Project

以前から気候システムには揺らぎがみられ異常気象が発生していたが、これに温暖化が重なることで、今までにない異常気象が起きやすくなっていると考えられる。地球上の気候変動は遠隔地に影響を及ぼす可能性があるが、その因果関係は十分解明されていない。一方で、異常寒波が頻発するユーラシア大陸中緯度の寒冷化傾向と温暖化との因果関係については世界的に論争となってきたが、本研究最大の成果はそのメカニズムを明らかにしたことだ。温暖化によって北極海、特にロシ

ア中西部沖のバレンツ海・カラ海で海氷が減少し、夏季に海水が太陽エネルギーにより温められることで、冬季にシベリアの高気圧が北に移動して勢力を強める。これにともなう偏西風の蛇行で、冬季にシベリア北東部に形成される強力な寒気が北東風によってモンゴル・中国などユーラシア大陸の中緯度帯に送り出され、気温を下げていた。従来の大気モデルでは巨大な「断熱材」の役割を果たす海氷の減少による影響が過小評価され、中緯度の寒冷化との関連が見過ごされていたことがわかった。

　また、熱帯地域であるオーストラリア北部の気候変動が、北半球の高緯度にも影響を及ぼすメカニズムもわかってきた。オーストラリアの夏季モンスーンは、海と大気が連動して影響しあいながら気象を変化させる<u>エルニーニョ現象やラニーニャ現象</u>とは異なり、海面水温の変化との相関性が見られない。だがモンスーンが強まると、その上昇気流が赤道を越えて中国南部で沈むという循環により、日本付近にシベリアからの強い寒気を招き入れる。これが、<u>テレコネクション</u>（遠隔影響）と呼ばれる現象である。北極域は今後、地球上で最も温暖化が進む場所だ。プロジェクトは終了したが、国際的共同研究の枠組みを生かし、北極域に関連した気候変動について研究を続け、異常気象の予測精度の向上につなげていく。

プロジェクトのリーダー
中村 尚 教授

所属｜先端科学技術研究センター
専門分野｜気候力学、異常気象、大気海洋相互作用、大気大循環論
研究テーマ｜大気循環系の形成と変動、海洋との相互作用に関する観測的・数値的研究

エルニーニョ現象とラニーニャ現象

エルニーニョ現象とは、太平洋赤道域の日付変更線付近から南米沿岸にかけて海面水温が平年より高くなり、その状態が1年程度続く現象。逆に、同じ海域で海面水温が平年より低い状態が続く現象はラニーニャ現象と呼ばれ、それぞれ数年おきに発生する。エルニーニョ現象やラニーニャ現象は、その遠隔影響として日本を含め世界中の異常な天候の要因となりうる。

テレコネクション（遠隔影響）

地球上の数千〜数万kmも離れた場所で観測された気温や気圧などの異常が、主に大気循環の異常を介して互いに相関しあって変動する現象。上記のエルニーニョ・ラニーニャ現象のほか、インド洋熱帯域で晩夏〜秋に、東部の海水温が低下し、西部が高温となるダイポール・モード現象も東アジアや南半球に遠隔影響を与える。さらには、太平洋西部赤道域と日本付近の気圧変動の相関（太平洋・日本パターン）など、地球上でいくつものテレコネクションパターンが見られる。

気候変動がもたらす
新たな難民をケアする対策を考える！

気候変動難民が移転先での
円滑な生活再建を実現するための施策

クローズアップ

最大で10億人が「気候変動難民」になる!?

国際移住機関（IOM）は、2050年までに世界で2500万人から10億人が「気候変動難民」になると予想している。国連気候変動に関する政府間パネル（IPCC）によれば、気候変動による2.0度の気温上昇は、63cmから112cmの海水面上昇を招くとみられ、キリバス共和国やマーシャル諸島共和国など全土が標高の低い環礁の国では、国内に住み続けることが困難になり移住を迫られかねない。また、雨期と乾期のある地域では、気候変動によって降水量が乾期に減少し、雨期には増大して干ばつや風水害など自然災害が甚大化し、農牧業を続けることが困難になる可能性もある。しかし、気候変動によって移住を強いられる人々は自国で迫害を受けているのではないため、難民条約は適用されず、通常の移住者として他国に移住するしかない。気候変動難民条約を制定すべきとの意見は以前から出ているが、制定に向けた具体的な動きがないのが現状である。

Project

　本プロジェクトでは、平均標高が2m程度と非常に低いキリバスとマーシャル諸島から移転する可能性がある人々を対象に、教育や訓練の面で移転の準備ができているか、すでに両国から国外へ移転した人々は生活の再建に成功したか、などについて研究した。両国をはじめ日本と世界から研究者約20人が参加した。

　マーシャル諸島で短大生・大学生を対象に調査

国際移住機関（IOM）
世界的な人の移動（移住）の問題を専門に扱う唯一の国連機関。移民個人への直接支援から関係国への技術支援、移住問題に関する地域協力の促進、移住に関する調査研究などを通じて、移住にまつわる課題の解決に努めている。（国連移住機関のHPより）

したところ、回答者の4割以上が海
外移転を考えていたが、おもな理由
は教育、職業、家族などで、海面上
昇を理由に挙げた人は9％にとど
まった。一方、キリバス在住の大学
生を対象にした調査では、海面上昇
は教育に次いで移転を志向する理由
に挙がった。両国の差は、地理的な

環礁の低地に暮らすキリバスの風景

要因が考えられる。キリバスではいくつかの環礁
が長い土手道でつながっているが、高潮や大潮の
影響を受けやすく、海面上昇の脅威を実感しやす
い。また、聖書の一節を理由に国土が沈むことは
ないと信じる人が両国に多い。

　調査結果から両国民の共通点として浮上したの
が情報不足だ。テレビや新聞はあまり利用されず、
ラジオが唯一の主要メディアだが、気候変動や移
住先に関する情報は得られにくい。移転にあたっ
て時間的な余裕があっても、英語や現地事情につ
いて十分準備しておらず、就職などの面で苦労が
多く現地適応が難しいケースも多く、そうした移
転者の体験も、ほとんど本国には伝わらない。

　米国のマーシャル人が多く住む地域では、同国
出身者の45％は気候変動を理由に母国へ戻るつ
もりがないと答え、米国に渡ってから母国の状況
について知識が増えたことがうかがえる。

難民条約
難民条約では、難民と認定
する要件として「人種、宗
教、国籍若しくは特定の社
会的集団の構成員であるこ
と又は政治的意見を理由に
（自国で）迫害を受けるおそ
れがある」と規定している。

聖書の一節
旧約聖書創世記に登場する
ノアの箱舟物語の中で、再
び生き物を全滅させるよう
な大洪水は起こさないと神
がノアに対して約束したと
いう一節のこと。

プロジェクトのリーダー
中山幹康 名誉教授

所属｜新領域創成科学研究科
専門分野｜国際協力学、環境協力、資源管理
研究テーマ｜経済開発プロジェクトにおける影響評価手法・都市化あるいはダム建設プロジェクトに
よる自然環境と人間居住環境について

火力発電所が排出するCO₂を深海への注入で削減する！

環境配慮型CCS実証事業

クローズアップ

効率的にCO₂を海底へ
日本独自のCCS（二酸化炭素分離回収・貯留）とは？

日本が目標とする2050年の温暖化ガス排出実質ゼロを達成するためには、様々な産業で排出されるCO₂の削減が急務である。

エネルギー部門では再生可能エネルギーの主力電源化が目標とされるが、様々な技術的問題や電力料金などへの国民の電力負担増などの課題を抱える。一方でCO₂の大規模排出源である火力発電所などから排出されるガスからCO₂を分離・回収し、地中や海底に隔離・閉じ込めるCCS（二酸化炭素分離回収・貯留）が、低炭素社会への橋渡し技術として注目され、世界で研究が進んでいる。

米国では油層にCO₂を注入し、原油の回収も促進させるEOR（石油増進回収法）が実用化されているが、化石資源をもたないわが国ではこの技術が使えず、沖合の海底下へCO₂を貯留するという方法を試み、苫小牧（北海道）沖では実証実験が行われた。

Project

全国の火力発電所が1年間に排出する3億〜4億トンのCO₂うち、5000万〜1億トン程度をCCSで処理することをめざし、本プロジェクトでは沖合の深い海底の地中にCO₂を貯留する方式を想定している。深海ではその高圧・低温下で、CO₂が水分子と反応し氷のような固体結晶（ハイドレート）になるため、環境へ与える影響が小さいと考えられる。

実際にハイドレートになるかどうか、温度や圧

2050年の温暖化ガス排出実質ゼロ

CO₂（二酸化炭素）などの温室効果ガスの排出量を2050年に全体としてゼロ（排出量から自然界などによる吸収量を差し引いてゼロとすること）にする、2020年末に日本政府が掲げた目標。

力などの条件を見比べながら検証を続けている。また、CO₂ の漏洩を検知できる指標づくりも進めている。海水中の CO₂ 濃度の変化から漏洩を判断でき、海中の生物活動や化学反応など他の要因による濃度変化と区別できることが課題だ。

　輸送方法はパイプラインか船舶が想定されるが、地層構造や海域の既存産業活動などを考慮すると、貯留できる場所はかなり限られる。一方の排出源は火力発電所だけで全国におよそ 140 カ所におよび、輸送距離が長い場合はパイプラインに比べて船舶輸送が適している。輸送費用を抑えるためには CO₂ を液化する必要があり、費用を抑えるために圧力を限界近くまで下げるとドライアイス生成による装置閉塞が生じやすくなるので、輸送時の温度や圧力など技術的な研究も続けている。

　今後さらに効率的なシステムや環境影響評価手法を研究開発するための実証実験を行う場所を決めることがまず大きな課題だ。CCS にかかるコストはまだ正確に把握できないが、それを火力発電の電気料金に上乗せしたとしても、他の発電方式に比べ価格競争力で大きく劣ることはないといえる。炭素税などを設定し、CCS の費用の一部または全部を税金でまかなうことも考えられる。

CCS（二酸化炭素分離回収・貯留）
Carbon dioxide Capture and Storage の略。

苫小牧における CCS 大規模実証試験
経済産業省などにより進められている、実用規模での CCS 実証を目的とした日本初の大規模 CCS 実証試験。深度 2400m 以下の貯留層などへ 2019 年 11 月で累積 CO₂ 圧入量 30 万トンを達成し、今後も安全性などの試験が続けられる。

プロジェクトのメンバー
佐藤 徹 教授、**尾崎雅彦** 特任教授

所属 | 新領域創成科学研究科
専門分野 | 海洋環境工学（佐藤）、船舶海洋工学（尾崎）
研究テーマ | 海域を利用した二酸化炭素隔離技術の環境影響評価手法の開発（佐藤）、CO₂ 分離回収・貯留（CCS）の輸送システムに関する研究（尾崎）

生態系を賢く活用した
新しい「防災・減災」のしくみを実装へ！

気候変動適応としての生態系を活用した
防災減災（Eco-DRR）の評価と社会実装

クローズアップ

従来のハザードマップで見落とされていた「内水氾濫」とは？

大雨時に発生する河川の氾濫はよく知られているが、河川の本流に合流する前の支流（小さな川）や、支流に流れ込む側溝、下水、排水溝などの内水がその流量を超え、あふれてしまう「内水氾濫」が近年、数多く報告されている。従来のハザードマップ（自然災害による被害範囲を予測した地図）の多くは、河川氾濫に重点をおいて、水がどうあふれるか計算して作成されてきており、内水氾濫の危険性はあまり考慮されてこなかった

という経緯がある。

こうした内水氾濫について、全県レベルで網羅したハザードマップを作成しているのは現状で滋賀県だけとなる。

統計モデルなどを活用し、他の地域でも内水氾濫の被害予測を可能にする方法を探るとともに、自分の住む場所にどのような危険が潜むか、あらゆる要素を取り込んだ新たなハザードマップを模索する必要がある。

Project

　気候変動が進むと、想定を超える災害が起こる可能性が高まり、従来のダムや堤防といったハードインフラ（社会基盤となる構造物）による防災対策だけでは限界がある。そのため Eco-DRR（生態系を活用した防災減災）を視野に入れる必要がある。

　湿地や森林は、氾濫した水をためこみ、土石流の勢いを弱める機能をもつ。人間がそうした場所を造成して居住するようになり、被害が起こるよ

Eco-DRR
Ecosystem-based Disaster Risk Reduction の略。生態系と生態系サービス（生態系や生物多様性が提供してくれる自然の恵み）を保持することで、危険な自然現象に対する緩衝帯・緩衝材として用いるとともに、食料や水の供給などの機能により、人間や地域社会の自然災害への対応を支える対策。減

うになったともいえる。Eco-DRRにより、どれだけの被害が減災できるかを数値化・可視化し、多面的に評価する。一方で平常時においては、レクリエーションの場や農林水産業産品を提供してくれる自然のサービス機能を加味できる。

　まちづくりをする際、災害情報がきちんと住民に伝わっていないケースも多い。行政が企画する場合、商業施設の立地や交通の利便性に重点が置かれ災害危険区域が指定されることも珍しくない。Eco-DRRも含めたハザードマップを作成することで、どこにどんな危険が潜むか住民が意識できるようになり、災害時の対応も異なるはずだ。

　災害に備えて地域住民が話し合うことも重要である。福井県、滋賀県、千葉県にモデル地区を設けて地域のデータを提示し、Eco-DRRについての検討に入っている。ハードインフラとグリーンインフラの効果を比較し、効果的な組み合わせ方も考える必要がある。生態系の整備や運営に必要な資金については、公的資金以外に金融・保険など民間部門から調達する方法も模索している。場合によっては行政も加わって住民の合意ができればガイドラインや土地利用計画をつくる。人口が増加する時代には、災害危険地域を避けた土地利用が難しい場合もあったが、人口減少時代では安全な場所に限定して生活の場を設けるという選択が可能になるだろう。

災と気候変動適応の双方を達成する効果的アプローチのひとつとして考えられている（気候変動適応情報プラットフォームHPより）。2004年に発生したインド洋大津波の際、マングローブの森が津波の勢いを吸収し、被害が軽減されたことをきっかけにEco-DRR研究が注目されるようになった。

グリーンインフラ
自然のもつ多機能性やしなやかな回復能力などの特性を賢く活用するインフラ整備・国土の管理手法の新しい概念（グリーンインフラ研究会HPより）。例えば湿地帯には、治水や水質浄化、水源・地下水の涵養だけでなく、バイオマスやCO_2固定、さらには生物生息地、観光資源やレクリエーションといった様々な機能がある。欧米では環境のみならず、防災・減災対策や地域づくりの中でグリーンインフラを積極的に活用し、社会の新たな価値形成を実現する動きがすでにはじまっている。

プロジェクトのリーダー
吉田丈人 准教授

所属｜総合文化研究科
専門分野｜生態学、陸水学
研究テーマ｜生物の多様性や複雑性に関する研究、人と自然の関わりに関する研究

Goal
14

海の豊かさを
守ろう

風力発電や養殖にも！ 自然・社会科学の連携で持続可能な海洋利用を実現

沿岸－外洋移行帯の資源保全と持続的利用のための統合的研究の推進

クローズアップ

海の恵みのホットスポット「沿岸－外洋移行帯」とは？

日本を取り囲む海は世界的にみても高い生物生産性を誇り、風力や潮汐、海流など自然エネルギーにも恵まれている。この豊かさをもたらす大きな要因のひとつが「沿岸－外洋移行帯」の存在だ。そこは、沿岸と沖合双方の影響を受けて変化に富んだ環境が形成され、様々な物質や生物が往来して生命活動を営む生物生産と生物多様性のホットスポットである。

これまで、海の恵みの源ともいえる「沿岸－外洋移行帯」が、十分に研究されてきたとはいいがたい。沿岸と外洋は、空間規模が大きく異なるため、これまで別々に研究されることが多かったからである。だが近年、海洋観測や循環シミュレーション技術の飛躍的向上、環境DNA分析技術の発達などにより、空間規模の違いという障害を超えて「移行帯」を含めて沿岸から外洋まで一体的に調査できるようになりつつある。

Project

　わが国は、EEZ だけでも世界6位の面積がある海域から様々な恩恵を受けてきたが、沿岸地域の一部で航路や占有許可、漁業権などの利用方法が設定されているのを除き、どの海域を誰がどう利用できるのかという基本的な枠組みが決められていない。現在のところ「沿岸－外洋移行帯」の多くは漁業以外に利用されていないが、今後、積極的に活用・保全を検討する必要が生じることが予想される。そこで本プロジェクトでは、同海域

沿岸－外洋移行帯
河川など陸の影響を強く受ける沿岸と、黒潮や親潮といった外洋を巡る海流が流れる沖合との「あいだ」の海域をさす。

の生態系の実態を解明しながら、自然・社会科学双方の知見をもとにステークホルダーがどう合意を形成し、利用・保全していくのか、そのためのしくみを提案していく。

　海洋の利用が沿岸から沖合に広がる中、近い将来に「沿岸－外洋移行帯」を新しく利用する可能性があるのが、洋上風力発電と養殖施設である。風力発電は日本において再生可能エネルギー拡大のための最有力手段であり、洋上も建設候補地になりつつある。養殖施設も欧州では設置場所が沖合に広がっており、日本でも将来的に同様の傾向をたどる可能性がある。これまで大型施設を海上に設置する場合、計画と実施にかかわるのは一部の関係者のみであった。しかし、地域にかかわりの深い海を持続的・調和的に利用するためには、実情を最もよく知る地域住民のかかわりも重要である。本プロジェクトでは、計画の早い段階から科学者が協議の場に加わり、中立的立場で科学的知見を提供することによって合意形成に貢献するしくみづくりをめざしている。

　2021年から2030年までは「持続可能な開発のための国連海洋科学の10年」に定められている。これを機会になるべく多くの人に関心をもって協力してもらい、海洋の利用と保全で実績を積み重ねていきたい。

環境DNA分析
水や土壌には、そこに生息する生物の痕跡（粘液や排出物、体の一部の微小な片など）が含まれており、それらからDNAを検出・解析し、網羅的に種を特定する分析手法。

EEZ
排他的経済水域。沿岸から200カイリ（約370km）までの海域をさし、天然資源や漁業資源の開発に関する主権的権利や、科学的な調査に関する管轄権など経済的な権利を沿岸国が認められている。

持続可能な開発のための国連海洋科学の10年
2017年の国連総会で採択された決議で、集中的なとりくみ期間は2021年から2030年。SDGsのゴール14「海の豊かさを守ろう」などを達成するため海洋科学を推進し、また海洋の持続的な開発に必要な科学的知識や基盤、パートナーシップを構築し、海洋に関する科学的知見、データの海洋政策への反映などを目的とする。

プロジェクトのリーダー
伊藤幸彦 准教授
所属｜大気海洋研究所附属地球表層圏変動研究センター
専門分野｜海洋物理学・生物海洋学・海洋環境学・水産海洋学
研究テーマ｜海洋生態系における物理－生物相互作用

海水中のDNAを活用し海洋生物の資源・多様性の保全を創出！

オーシャンDNAプロジェクト：海洋DNAアーカイブ・解析拠点形成による太平洋の生物多様性と生物資源の保全

クローズアップ

海水だけで生物の種類や量がわかるオーシャンDNAとは？

どんな海洋生物がどこにどれだけ存在するのか。海洋は広大で、その実態はまだわかっていない。それは生物を実際に捕獲するか、目視するしかなかったからだ。その場合、対象生物の大きさに応じて捕獲方法も変えねばならず、また捕獲までに多大な日数がかかることもある。

海水中には排泄物、粘液や表皮の剥離片など、そこに存在していた生物の何らかの痕跡が含まれている。つまり様々な海域で海水をサンプリングして最新のDNA解析技術を用いることにより、生物そのものを捕獲しなくとも、その海域に生息する微生物からプランクトン、大型魚類に至るまで、効率的に生物の種類や量を海水から推定できるのだ。

場所や時期、深さなどを変えながら広大な海域でサンプリング調査を実施し、海洋生物の分布状況が明らかになれば、生物多様性の維持や海洋生物の適切な利用・管理方法の創出につながるだろう。

Project

　海水をくみ上げてろ過し、含まれるDNAを調べる手法は、20年ほど前から微生物については一般的に行われてきたが、それをサケ、サバ、サンマなどの魚類も対象とし、外洋にまで調査領域を広げた点が本プロジェクトの特徴といえる。頻繁に機動的な調査が可能な「オーシャンDNA」の長所を生かし、北西太平洋域における海洋生物群の分布や回遊ルート、時空間変動パターンなど

DNA解析

DNA（デオキシリボ核酸）は遺伝子の本体で、アデニン・チミン・グアニン・シトシンの4つの塩基からなる。この塩基の並ぶ順番（塩基配列）によって遺伝情報が決定され、生物はそれぞれ固有の配列をもつため、DNAを解析することで生物の種が特定できる。近年では次世代DNAシーケン

を把握できる生物海図の作成をめざす。

　特に人間にとって重要な食料資源となる魚類に注目するが、魚のエサとなるプランクトンや微生物まで、海の生態系の生き物全体を把握することをめざしている。サンゴ礁は生物多様性の維持に重要な場所だが、その全貌や状態を人が潜水して調査することは容易でない。しかし、オーシャンDNAから塩基配列を解析することにより、種を特定し分布状況を把握できる。こうした情報に従来の資源管理に関するデータや知見も総合し、食物連鎖の中で対象となる種が置かれた状況、保護すべき種や区域を検討して、食料資源や生物多様性を守る適切な管理策に貢献するだけでなく、温暖化や海洋環境変動による影響の将来予測にもつなげたい。

　回遊魚の回遊ルートの把握も試みる。岩手県の大槌湾ではオーシャンDNAを分析し、サケの稚魚がどのように移動し、エサとなるプランクトンがどこに分布するかがわかってきている。ふ化場で育てた稚魚をいつ放流すべきかといった情報提供にもつながる。これまでは日本近海の調査が主だったが、広大な海域を移動する回遊魚の生態をつかむため、全国の海洋研究者と協力しながら太平洋の広い範囲でサンプリング調査を実施する方針だ。

サ（自動読取機）により一度に大量のDNA解析ができるようになった。

プロジェクトのメンバー
兵藤 晋 教授、**吉澤 晋** 准教授、**井上 潤** 助教

所属 | 大気海洋研究所（兵藤、井上）、新領域創成科学研究科（吉澤）
専門分野 | 海洋生命科学（兵藤、井上）、海洋微生物学（吉澤）
研究テーマ | 魚類生理生態学（兵藤、井上）、海洋微生物生理生態学的研究（吉澤）

サイバー空間で世界の海を可視化し
大規模な海洋エネルギー開発に挑戦！

海洋資源・海洋再生可能エネルギー・海洋空間の
利用促進に関する研究

クローズアップ

日本ではじめて系統連系潮流・波力発電を実証
海洋再生可能エネルギーの可能性

専門であるリモートセンシング技術で波の高さや周期、向き、海面の高さの変動をとらえ、これらのデータをもとに波力や潮流を効率的に利用する発電システムの開発にとりくんできた。地形や潮の流れに応じて、設備を変える必要のある潮流発電に比べ、海岸や防波堤近くに設置する波力発電は同じタイプの設備の利用が可能であり、環境負荷が少なく周辺の住民にとっても受け入れられやすい。

宮城県塩釜市では、2014年から5年間、国内で初めて系統連系潮流発電設備を設置し実証実験を行った。海底に向けて垂直に取りつけたローターを潮の流れで回し発電し、最大出力は5kW。一方の波力発電は海上の機械室から海面へ波受け板を伸ばし、それを波力で振り子のように前後させ発電するもので、2016年から岩手県久慈市、2020年からは神奈川県平塚市で、それぞれ発電所を運用している。

Project

　人類は、地球表面の約70％を占める海からさまざまな恩恵を受けてきた。ところが海についてはいまだにわかっていないことも多く、また十分活用できてはいない。人間が生身の体で入れるのは海のごく表層にすぎず、深く潜ろうとするほど制約は大きくなる。この制約を乗り越えるために、サイバー空間に世界の海を再現しようというのが、本プロジェクトの大きな柱である。

リモートセンシング技術
対象物に直接触れずに、遠隔からセンサ（測定器）を使って物の性質や状態を観察する技術。人工衛星や航空機などから行われる様々な環境観測の手段として幅広い分野で用いられている。

最先端の観測技術やロボット、ＡＩ（人工知能）などを駆使し、海底地形や水温、生態系をはじめ海の環境に関する多様なデータを集め統合することにより、誰もがコンピュータから仮想空間上の「海中世界」にアクセスできるかたちをめざす。陸上と同様に海中を自由に観察できるようになれば、海への親しみや関心が増すことはもちろん、科学的な調査や資源探査などにも活用できる。まずはデータの蓄積がある相模湾について、モデルケースとしてシステムづくりを進める計画である。

　波力や潮流などを活用する、海洋の再生可能エネルギー利用もプロジェクトの柱だ。温室効果ガスを出さず、しかも海由来のエネルギーは周期が決まっているため発電量の予測をたてやすく、天候や時間帯による発電量のむらが比較的少ない、などの長所がある。現在はコストに比べると発電規模が小さく商業ベースにのせることが難しいものの、技術の進歩や社会状況の変化によって事業化の可能性も広がると考えている。また、各地の漁業関係者と協力し、漁業の自動化・省力化のシステムづくりも進めている。定置網を自動で巻きあげる装置や、養殖業では餌撒きを自動化する設備のほか、深度で異なる海水温をモニタリングして生け簀を浮沈させ、養殖魚の出荷時期を調整できるシステムなどにもとりくんでいる。

潮流発電
太陽や月の引力によって生じる周期的な海水の移動を潮流といい、潮流の運動エネルギーを電気に換えること。一方で海上を吹く風によって生じる波のエネルギーを電気に換えるものを波力発電という。

波力発電
久慈発電所が最大出力43kW（波高4ｍ）、平塚発電所が定格出力45kW（波高1.5ｍ）となっている（45kWは一般家庭30世帯分に相当）。

温室効果ガス
大気中にあって、地表からの熱エネルギー（赤外線）を吸収し、気温を上昇させる効果を及ぼす気体。二酸化炭素やメタン、フロンなどが代表例。

プロジェクトのリーダー
林 昌奎（リム・チャンキュ）**教授**

所属｜生産技術研究所海中観測実装工学研究センター
専門分野｜海洋環境工学、海洋リモートセンシング
研究テーマ｜マイクロ波リモートセンシングによる海面観測システム、海洋再生可能エネルギー開発など

深海のレアアース開発技術を確立し 世界初のサプライチェーン化をめざす！

海の鉱物資源の科学と工学の新展開

クローズアップ

「ハイテク産業のビタミン」が海底に!?

レアアースは「ハイテク産業のビタミン」とも呼ばれ、燃料電池、通信機器、LED、電気自動車用モーター、軽量の航空部品など先端技術製品の原料になり、省エネ・環境対策技術に欠かせない資源だ。陸上のレアアースは、放射性元素を含み採掘の際に環境問題を引き起こすことがあるが、海底のレアアース泥は、産業上重要で希少性が高い重レアアースを多く含む一方、放射性元素をともなわない。

埋蔵量は陸上の1000倍から1万倍と推測される。

世界のレアアース生産はかつて中国がほぼ独占し、近年比重が下がりつつあるものの、2019年時点でも6割以上を占める。2010年に尖閣諸島付近で中国漁船と日本の海上保安庁巡視船が衝突した事件を機に、中国が日本へのレアアースの供給を停止したように、一国に生産が集中すると政治カードとして使われるリスクがある。

Project

2013年、日本のEEZである南鳥島周辺海域に世界最高品位（当時）の「超高濃度レアアース泥」が眠ることを突き止め、これまでにその生成プロセスも解明している。

高濃度レアアース泥が分布する有望海域は2500k㎡に広がり、最も有望な海域105k㎡だけでも日本のレアアース需要の50年から800年分をまかなえる埋蔵量があるとみられる。この超高濃度レアアース泥を開発し産業化するため、「レ

レアアース

レアメタルは、地殻中の存在量が比較的少なかったり、採掘や精錬のコストが高いなどの理由で流通・使用量が少なかったりする非鉄金属を指す。このうち、スカンジウム、イットリウム、ランタンからルテチウムまでの17元素のグループを、一般的に希土類元素またはレアアースと呼ぶ。

アアース泥開発推進コンソーシアム」を結成。実開発に向け研究が進むが、一番の課題は、いかにレアアース泥を引き揚げるか。レアアース泥は水深5700mという深海にある。

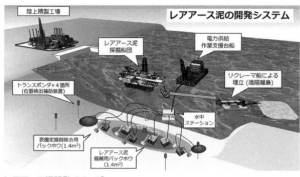

レアアース泥開発イメージ

現在、海底油田開発では水深3400mまで採掘技術が実用化され、4500mまで延長が可能と見込まれる。南鳥島レアアース泥の場合、さらに1000m余り深いため、新たな技術開発が欠かせない。現在、圧縮空気を補助管で送り込み浮力をつけて吸い上げるエアリフト方式を検討している。

レアアース泥をめぐっては中国、米国なども採掘に向けて精力的に動いており、最初に開発に成功した国に技術や資金が集中するため、世界的な開発競争で主導権を握る必要がある。本プロジェクトでは採掘した南鳥島レアアースを省エネ・環境技術、高機能新素材の開発に活用するため分野を超えた研究者・企業と連携し、採掘からものづくりまでの一貫したサプライチェーンの構築もめざす。

プロジェクトのリーダー
加藤泰浩 教授

所属｜工学系研究科エネルギー・資源フロンティアセンター
専門分野｜資源地質学
研究テーマ｜鉱物資源探査

EEZ
排他的経済水域。沿岸から200カイリ（約370km）までの海域をさし、天然資源や漁業資源の開発、科学的な調査などを自由に行う経済的な権利を沿岸国が認められている。

南鳥島レアアース泥の生成プロセス
3400万年前、地球が温暖な気候から寒冷な気候に切り替わる時期に海洋の大循環がはじまり、深海を流れる底層流が巨大な海山に当たって、大量の栄養塩を表層近くに押し上げる湧昇流を生むことで、急激に魚類が増えたが、この魚類の骨や歯が堆積してレアアース泥が生まれたと考えられる。

レアアース泥開発推進コンソーシアム
2020年時点で38の企業・機関・大学が参加している。

海洋マイクロプラスチックの実態を科学的に解明する！

海洋ゴミ対策プロジェクト

クローズアップ

実態がわかっていない海洋マイクロプラスチック問題

国際機関の世界経済フォーラムは2016年の報告書で、2050年までに海洋中に存在するプラスチックの量が魚の量を超過するとの予測を発表した。近年、海水中に含まれるマイクロプラスチックの量や生態系に与える影響についての議論が国際社会で急速に高まっている。

ただ、実際にどれほどのプラスチックが海洋に存在するのか、またそれが海洋生物の生育などにどう影響するのか、その実態は解明されていない。海洋に流出したプラスチックは波の物理的な力や紫外線による化学反応などによって微細化（マイクロプラスチック）するが、完全には分解されにくく100年単位で残り続けると考えられる。

マイクロプラスチックは海水中で浮力がニュートラルなため、漂うことになるか、何らかの物質と吸着して海底に落下している可能性など、その動的構造が完全に解明されていない。実態把握と生体影響評価こそが急務である。

Project

本プロジェクトは、国際的な問題になっているマイクロプラスチックのうち特に 1 mm 以下のものに焦点を当て、対策の基礎となる科学的知見を得ることが目的だ。海面から海底泥まで、どのように分布するかその動的構造を把握することが主要なテーマで、採取した海水から赤外線顕微鏡により、プラスチックの大きさや量を測定する。

また現在の実態だけでなく、時代とともにどのように変化したかも検証する。水産関連研究機関が過去70年にわたって日本近海で採取したプランクトンのサンプルを保管しており、これを活用すればプラスチックがいつから海中に出現、拡大してきたかがわかるだろう。

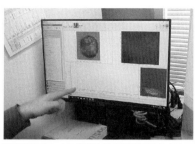
顕微FTIR（フーリエ変換赤外分光光度計）によるマイクロプラスチックの分析

特に貝類など、海水から栄養分を吸収する海洋生物がマイクロプラスチックを多く体内に取り込むことがわかっている。食物連鎖を通じて人間の体内に入り、腸から吸収されることも十分考えられる。ただ、吸収されたプラスチックが生命体にどのような影響を及ぼすかわかっていないため、さらに科学的な分析を進めたい。

今後の課題は、火山灰やほこり、黄砂など自然界に存在する小さな粒子とどのように違うのか、プラスチックの本質を明らかにすることで、それにより対策のあり方が決まる。また、海洋プラスチックは海水からの検出に時間と手間がかかり、大きな課題となっている。たとえば船で調査海域を航行するだけで自動的に海水を取り込み、分析できるような装置や手法の開発も必要だ。プラスチックごみはいったん海に出ると回収することが難しいため、その使用や排出をいかに減らすかが重要であることはいうまでもない。

プロジェクトのリーダー
道田 豊 教授

所属｜大気海洋研究所附属国際連携研究センター
専門分野｜海洋物理学
研究テーマ｜海洋表層の流速場の構造と変動に関する研究

◇**ひとことメモ**◇
海洋プラスチックごみに関する国際的な議論
海洋プラスチックごみによる海洋汚染は地球規模で広がっており、北極や南極においてもマイクロプラスチックが観測されたとの報告や、1950年以降に生産されたプラスチック類は83億トン超で、63億トンがごみとして廃棄されたとの報告もある。毎年約800万トンのプラスチックごみが海洋に流出しているという試算もある。G20サミット（2017年）では初めて海洋ごみ問題が首脳宣言で取り上げられ、イニシアチブ「海洋ごみに対するG20計画」の立ち上げが合意されたほか、G7サミットでも海洋プラスチック問題への取り組みが議論されている。
（環境省HP等より）

陸の豊かさも
守ろう

小笠原諸島の貴重な生態系を後世に残すために！

小笠原希少野生植物保護増殖事業

クローズアップ

小笠原諸島の独自の生態系

小笠原諸島は大陸と一度もつながったことがなく、東京から1000km離れている。種子を食べた鳥が小笠原に渡ってフンをしたり、種子が海流によって運ばれたり、微小な種子であれば風によって運ばれる可能性もあるが、長い距離を越えることができる生き物しか小笠原には存在しない。例えば、本州で森をつくるドングリの仲間が小笠原にはないので、本州の森では低木になっているような木々が、見上げるような高さの木へと進化している。本州で生態系をつくっている生き物の多くが小笠原には欠落しているので、それを埋め合わせるように、小笠原には独自に進化した生態系があるのである。

面積では、小笠原諸島全部合わせても東京23区の1/6しかないが、そこに固有の植物が125種類も存在する。そのうち約90種を小石川植物園では系統保存している。

Project

　小笠原諸島において絶滅に瀕する多くの貴重な固有植物の保全を、本プロジェクトは目的としている。その任にあたるのが東京大学大学院理学系研究科附属植物園本園（通称、小石川植物園）で、植物の栽培にかかわる技術職員と研究にあたる教員がいる。

　1980年頃、小笠原の植物が危機的状況にあることを知った技術職員が、同施設での保護をはじめたのが事業のスタートで、小笠原で最後の一株

東京大学大学院理学系研究科附属植物園本園（通称、小石川植物園）

東京都文京区にある16ヘクタールという広大な敷地の植物園で、江戸時代の貞享元（1684）年に徳川幕府が設けた「小石川御薬園」が前身である。明治10年、東京大学が設立された直後に附属植物園となり、一般にも公開されている。日本の近代植物学発祥の地で、

と思われるムニンツツジやムニンノ
ボタンの若い枝を採取し、小石川植
物園の温室で増殖してから再び小笠
原で再定着させてきた。当初は温室
でうまく育たないものもあったが、
小笠原の土を使って発芽させるなど
栽培技術を確立し、今では60株以
上のムニンツツジが自生地に回復し
ている。こうした活動が注目され、

小笠原諸島父島に固有のムニンノボタン。植え戻し
株の種子が発芽成長し、自然更新が行われている。

2004年からは「絶滅のおそれのある野生動植物
の種の保存に関する法律（種の保存法）」に基づく
環境省委託の「希少野生動植物種保護増殖事業」
として活動を継続している。

　小笠原で特に絶滅の危機に瀕している12種類
の植物を対象として、ノヤギやノネズミに食べら
れていないかなど現地の生育状況を確認し、柵の
メンテナンスなどを行う。種子をつけていれば、
日照や土壌水分など環境条件を変えながら播種す
るといった実験を現地で行っている。植物園では
その植物の株を良好な状態に維持管理して、現地
の個体が死んだ場合にも遺伝的な多様性が維持で
きるように備えている（現在は、病虫害の持ち込みが
懸念されるため、植え戻しは中止されている）。

台地、傾斜地、低地、泉水
地などの地形を利用して
様々な植物が配置され、現
在も植物学の研究・教育の
場となっている。

◇ひとことメモ◇
小笠原固有の生態系も、外
来種によってそのバランス
が崩されている。アメリカ
由来のグリーンアノールと
いうトカゲがペットなどと
して持ち込まれた結果、チ
ョウやトンボなどかなりの
種類の昆虫が捕食され、姿
を消しつつある。植物の花
粉を運ぶ昆虫がいなければ、
植物が自身で繁殖できない。
生態系の回復は、本プロジ
ェクトにとどまらない課題
である。

プロジェクトのメンバー
川北 篤 教授、**田中健文** 技術専門職員、**小牧義輝** 技術専門職員、**出野貴仁** 技術専門職員

所属 | 理学系研究科
専門分野 | 植物生態学、植物進化学（川北）　植物の育成、技術開発（田中、小牧、出野）
研究テーマ | 花の多様性の進化、植食性昆虫と植物の共進化など（川北）

人工衛星から
地球の「健康状態」を調べる！

環境・災害リモートセンシング

クローズアップ

リモートセンシング技術とは？

人工衛星に搭載されたカメラによって地球を観測する技術である。いわば宇宙から地球の健康状態を調べるためのもので、大気環境、炭素貯蔵生態系や都市環境などの評価手法の開発に活用している。対象とするのは、都市・地域レベルから大陸・全地球レベルまで幅広い空間スケールであり、対象物に応じた様々なセンサで計測（モニタリング）を行う。そして取得したデータから、有用な情報を抽出するためのモデル構築（モデリング）、つまり目に見えて観測できるものだけでなく、気象条件や人間の活動などの周辺状況も考慮することにより、環境全体を把握していくのである。

Project

　当研究室はもともと測量を専門としており、地上での測量が航空機からの写真撮影となり、今は宇宙から観測しているという経緯がある。本プロジェクトは人間活動によって都市、農地、森林で起こっている環境変動を、空間情報技術をもとに計測・評価する方法論について研究するとともに、システムの開発と社会実装を通じて問題解決に向けた国際的技術協力を実施している。

　インドネシアを例にとると、落葉した枯れ葉が腐らずに、泥炭と呼ばれる軟らかい石炭のような状態になり、それが乾燥して発火することで森林

火災を招くケースがある。リモートセンシングの精度が向上したことでそうした森林火災の原因もわかってきたが、国内の開発圧力のため、効果的な対策を打つことが難しいのが現状である。

また、アジアには世界の水田の95%があり、水田から出るメタンガスは地球温暖化に影響しているが、インドネシアをはじめアジアで主食となる重要な食糧源の米を食べないわけにはいかない。メタンガスを減らすことが可能なAWDという手法があるが、灌漑（かんがい）している水田でしかできない。どの地域でAWDを行っているかも、リモートセンシングで調査している。

こうした調査結果を、アジア・太平洋地域宇宙機関会議（APRSAF）やアジア開発銀行（ADB）、国際協力機構（JICA）、あるいはCSR活動を重視する民間企業などを経由して、東南アジアの国々へ提供し、技術移転を進めている。

現地の協力がなければ話は進められないが、各国にはそれぞれ事情がある。自ら現場に出向いて対話を重ね、こちらも気づきを得ながら、同じ視点からプロジェクトを進めていくことが大切だ。それはサイエンスだけでなく、工学を道具として用いた社会学でもあるといえるだろう。

AWD (Alternate Wetting and Drying)

稲作における節水技術のひとつであり、自然排水後に表面水の水深を目安に灌漑をくり返すという水管理の方法である。この手法は日本では普通に行われているが、インドネシアではもっぱら雨水に頼って稲をつくる天水田が半分以上である。

アジア・太平洋地域宇宙機関会議 (APRSAF)

アジア太平洋地域における宇宙利用の促進、宇宙分野での国際協力を目的に1993年に設立。

海外への技術移転

APRSAFなどでは日本の文部科学省が会議をリードしている。アジアのほかの大国ではできないリーダーシップを日本が発揮することは、「国際社会において、名誉ある地位を占めたいと思う」という日本国憲法の精神にもつながる。地球環境問題や資源エネルギー問題といった課題を解決するために、科学技術を用いた国際協力は今後、ますます重要になっていく。外務省においても、科学技術と外交を結びつけた「科学技術外交」に力を入れている。

プロジェクトのリーダー
竹内 渉 教授

所属｜生産技術研究所
専門分野｜環境・災害リモートセンシング
研究テーマ｜リモートセンシングデータからの高度データ抽出手法の開発など

「大都市集中」から「地域分散」へ
人と自然のあるべき共生をさぐる！

社会・生態システムの統合化による
自然資本・生態系サービスの予測評価

クローズアップ

日本の伝統的な「里山」がヒント
世界に広がる持続的な自然利用のとりくみ

名古屋で開催された2010年のCOP10（生物多様性条約第10回締約国会議）を契機に、日本の環境省と国連大学高等研究所による「SATOYAMAイニシアティブ」という国際的なとりくみがはじまった。日本の里山では、人が伐採など適度に手を入れることで、原生林とは異なる二次的自然環境が伝統的に維持され、生物資源の持続的な利用が行われてきた。近代化によりそれらは失われつつあるが、人間と自然の中間領域を大切にするという考え方は、世界に通じるものである。COP10を契機にSATOYAMAイニシアティブ国際パートナーシップ（IPSI）が発足し、世界各地の政府機関やNGOなど267団体（2020年7月現在）が中間領域の維持・再生にとりくんでいる。

新型コロナのような感染症の拡大も、こうした中間領域が減少し、野生生物の生息域と人間の居住空間が近接化していることに関係があると考えられる。

Project

国際社会への貢献と同時に、日本国内の生物多様性保全にかかわる貢献をめざしてはじめたプロジェクトである。環境基本計画や生物多様性国家戦略、国土形成計画、気候変動適応計画の見直しなど、政策への提言なども行っている。

その目的は、人間と自然の関係をより望ましいものにする方策を考えることだ。人間と自然の関係を学術的にとらえるために「社会・生態システ

環境基本計画
2018年に改定された第五次環境基本計画ではSDGsの考え方も踏まえた「地域循環共生圏」という概念が提唱された。各地域が自然資源を農林水産物や再生可能エネルギーなどとして最大限活用しながら自立・分散型の社会を形成し、地域の特性に応じて補完しあい、支えあうしくみである。

ム」という概念がある。「社会」は人間、「生態」は自然を主対象にし、人間社会と生態系を統合的なシステムとしてとらえ、過去から現在、将来に至る「かかわりのあり方」を考えるための基盤とする。そして、複数の将来の予測シナリオを数値化して、統合的なモデルを構築するのである。

　人工資本と自然資本、どちらに依拠した社会にしていくのか。対立したシナリオを提示するが、そこで私たちはこうあるべきだといった答えは提示せず、皆がどのような社会を選ぶかの問いかけを行うのである。

　2010年のCOP10では「愛知目標」が定められ、日本政府の提唱により、2050年までの長期的目標として「自然と共生する世界の実現」が掲げられた。そこには「人間は自然の一部である」という東洋的な自然観が反映されている。2021年には中国の昆明でCOP15が開かれる予定で、中国はすでに「自然と共生する世界の実現」の考えを継続すると表明している。そこでは2030年に向けた世界目標が定められるが、この目標は日本の将来にとって極めて重要だ。少子高齢化が進み、大都市集中型の社会が見直されている日本社会がどのように自然とつきあい、ポストコロナ社会でどのように新しい豊かさを獲得していくのか、私たちの研究もその方向に発展させていきたいと考えている。

プロジェクトのリーダー
武内和彦 特任教授

所属｜未来ビジョン研究センター
専門分野｜地域生態学、環境学、サステイナビリティ学
研究テーマ｜地球環境と持続可能性など

地域の自然に依存する風力、太陽光、地熱といった分散型の再生可能エネルギーを、自然の循環の流れの中で利用できるような圏域をつくり、そこに農業や林業、水産業など地域の自然の恵みを生かした産業も含めて考えるのである。この概念はポストコロナ社会でも有効であると考え、私が座長となり、環境省中央環境審議会のもとに検討会も立ち上げられた。

ポストコロナ社会
コロナ禍を経験し、生活や働き方など社会全体が様々な変容を迫られている。ポストコロナ（コロナ後）の時代は、人間の生き方が見直される傾向が強くなるだろう。そうした状況下で、里山的な環境を再評価し、国立公園で自然を満喫しながら仕事をするといったワーケーションの拠点にするなど、新しい生きがいや豊かさについての議論もはじまっている。農業に対して関心が高まった人も少なくなく、従来型の農業の形態にとらわれず、空き家の多い地方に一定期間滞在するといった2地域居住も考えられる。

豊かな森林を守る演習林から自然との共存の大切さを社会へ還元！

演習林地域連携プロジェクト

クローズアップ

東京大学演習林

1894年、最初に千葉県清澄に設置されて以降、現在は全国7カ所、総面積は約3万2000haに及ぶ。北海道演習林は一番面積が広く、天然林からの持続的な木材生産を行っている。最も古い千葉演習林ではスギやヒノキの持続的な植林・伐採サイクルの研究といった人工林管理などに力を入れている。秩父演習林は標高1500mを超える山岳地帯を含み冷温帯から亜高山帯の森林生態系の研究を行っている。東京にある田無演習林は住宅街に囲まれており、都市の住民と森林のつながりを研究している。愛知県にある生態水文学研究所では森林水文観測を長く行って森林と人のかかわりについて研究している。山中湖に近い富士癒しの森研究所ではリゾート地特有の森林の保健休養機能を、伊豆半島南端にある樹芸研究所では温泉熱を利用した大温室で熱帯・亜熱帯の多様な植物を栽培するなど、森林科学を学ぶ学生にとって貴重な実習の場となっている。

Project

　人と自然とが未来に向けて共存していくために、さらなる森林科学の発展をめざし、また、演習林を保全・管理しながら地域との連携した活動を行うことが目的である。演習林はこれまで100年を超える長きにわたって、教育研究のための多様な森林を造成・保全・管理してきた。その結果、演習林の森には多くの動植物が暮らし、豊かな自然環境が維持されている。その一方で、森の恵み

演習林
森林について学ぶ学生の専門教育および研究のための森林であり、大学の附属施設として演習林を置くことが定められている。現在、全国26の大学が演習林をもっている。

フィールド教育への協力
小中学校・高校の利用は2019年度で32件、利用

は間接的に地域社会にも影響を与えてきた。演習林に降った雨は「緑のダム」に蓄えられ、ゆっくりと川に流れ出して下流の地域を潤す。

近年は、大学としての研究や教育に加え、これまで培った知識や技術を社会と共有することを演習林の使命のひとつとして加え、社会教育や広報活動を行い、積極的に社会に貢献するよう努力を続けている。演習林と社会との提携プロジェクトは、おもに①社会教育・生涯教育、②地域との互恵的な関係の構築、③情報発信、コミュニケーションの3つがある。

①は公開講座や小中学校・高校でのフィールド教育への協力、教員への森林教育講座、②は地元市町村との交流協定を締結して、市民向け公開講座や一般公開、ガイドツアーの実施、木材の生産・加工・販売、③は「科学の森ニュース」刊行、書籍の出版などがその内容となる。

「現場教育」こそが大切であるとの考えに基づき、森林まで赴いてもらえるよう自治体や企業とも協力して、未来世代に森をつないでいくための活動を行っていきたい。

プロジェクトのリーダー
蔵治 光一郎 教授

所属｜農学生命科学研究科・附属演習林企画部
専門分野｜森林水文学
研究テーマ｜森林と水と人の関係

東京大学演習林
設立　1894年
総面積　約32,000ha

北海道演習林

秩父演習林

田無演習林

富士癒しの森研究所

農学部
（弥生キャンパス）

千葉演習林

樹芸研究所

生態水文学研究所

人数2322人を数え、小学生では巣箱づくり、高校生では毎年の定点観測など様々な教育を行った。北海道富良野市では毎年すべての小中学校を北海道演習林で受け入れるとりくみを2017年度から新たに開始しており、2017年度は175人、18年度は215人、19年度は209人の生徒が演習林でフィールド教育を受けた。

◇ひとことメモ◇
演習林と連携・協力協定を締結している自治体（現在）
①千葉演習林と千葉県鴨川市　②千葉演習林と千葉県君津市　③北海道演習林と北海道富良野市　④生態水文学研究所と愛知県瀬戸市⑤生態水文学研究所と愛知県犬山市　⑥富士癒しの森研究所と山梨県山中湖村⑦樹芸研究所と静岡県南伊豆町（協定は農学生命科学研究科として締結）　⑧秩父演習林と埼玉県秩父市。各演習林で行った公開講義などの交流イベントには2019年に1667名の市民が参加した。

Goal

16

平和と公正を
すべての人に

連鎖するリスクへの
根本的な対応方法を提言する！

複合リスク・ガバナンスと公共政策研究

クローズアップ

複合リスク・ガバナンスとは？

あるリスクを減らそうとすると別のリスクが増えてしまう場合、そのバランスをどう考えるかは極めて重要な社会的な判断（ガバナンス）となる。複雑な課題に直面している現代社会はリスクが連鎖していくことが多く、複合リスクへの対応が迫られる。

ネイチャーとテクノロジーの相互作用をさす「NATECH」という概念がある。それは、洪水で工場から化学物質が流出し農地が汚染されるといった、自然災害に起因する産業事故などをさす。東日本大震災では、地震による津波が原子力発電所を襲い放射能が放出され、食の安全が脅かされた。また、近隣住民は避難することでむしろ健康面のリスクを高めた人も多い。現在の新型コロナウィルスでも、まさに複合リスクが生じている。感染症の拡大により経済活動を抑制せざるを得ず、外出自粛でストレスがたまりドメスティックバイオレンスが起こるというのもリスクの連鎖である。

Project

相互連鎖するリスクに適切に対処する「複合リスク・ガバナンス」が機能するためには、分野の異なる専門家間のコミュニケーションの確保が決定的に重要である。東日本大震災の後、問題提起と提言を行うためにこのプロジェクトは始まった。横断的に専門家を集め、原子力災害がなぜ起こったのかを焦点としながら、それに連鎖するリスクについても議論を重ねた。

◇**ひとことメモ**◇
このプロジェクトの経緯
東日本大震災への提言活動のために東京大学では政策ビジョン研究センターにプロジェクトが組織された。東日本大震災の検証のほか、現在の日本社会で様々なステークホルダーが、相互関連するリスクの何を重視しているかの調査（リスクマッピング調査）も行った。人々

その結果、専門家のコミュニケーションが不十分であるというのが根源的な問題として浮かび上がった。例えば、地震や津波の研究者と原子炉の設計者の間ではやりとりがうまくいかなかった。原子炉の設計には被害が起こる確率が求められるが、地震や津波は確率で語ることが適していない分野である。そのためコミュニケーションが難しく、対策が遅れた原因でもあった。

　震災後も、専門家間で足並みの乱れが見られた。放射線の影響について、細胞レベルの研究をしている生物学者は影響が大きいと言う一方で、日常的にレントゲンなどを使う放射線医師はリスクが低いと語る。こうしたことを俯瞰してとらえられるようなメカニズムを意識的に構築することが必要であるといった提言を行った。

　その後、アフリカで2014年に起こったエボラ出血熱についても検証した。感染症だけでなく、国を閉鎖することの経済的リスク、政府に対する不信感が内戦を誘発させるなど安全保障の問題までリスクは連鎖し、その結果、UNMEERが出動する事態にまでいたった。この検証を踏まえ、2016年のG7伊勢志摩サミットにおいては、ヘルスケアや人道的支援など多分野が連携できるようなシステムをつくるべきといった提言も行っている。

のリスクに対する認識を整理し、議論を喚起する目的があった。調査の結果、日本人は自然災害を重視するが気候変動リスクに対する認知が他国に比べて低いことがわかった。

2019年に同センターは国際高等研究所サステイナビリティ学連携研究機構（IR3S）と発展的に統合する形で、未来ビジョン研究センターへ組織統合された。

UNMEER

国連エボラ緊急対応ミッション（UN Mission for Ebola Emergency Response）。西アフリカで感染が広がるエボラ出血熱への対応のために設置された。公衆衛生に関して、国連が設置する初のミッションであり、エボラ出血熱の広がりを止めるため、迅速、効率的かつ一貫した行動のための業務的な枠組み、および統一した目的を提供した。

プロジェクトのリーダー
城山英明 教授

所属｜未来ビジョン研究センター
専門分野｜行政学、国際行政論、科学技術と公共政策
研究テーマ｜科学技術と公共政策の境界領域である環境規制や安全規制など

17

パートナーシップで
目標を達成しよう

地域×大学×企業の協創で種子島に「プラチナ社会」を実現！

スマートエコアイランド種子島：
地域産業×科学技術×教育の連関で築くプラチナ社会

クローズアップ

多様な社会課題を包括的に解決「プラチナ社会」とは？

日本には高齢化や環境破壊、地方産業の衰退などの社会課題が山積している。これらの問題を包括的に解決することをめざす新しい社会像が「プラチナ社会」だ。

その必要条件は「エコロジー」「資源の心配がない」「誰でも参加できる」「雇用がある」「自由な選択」の5つ。対症療法的に個々の社会課題を解決するのではなく、地域産業と科学技術、教育がつながりあったイノベーションエコシステムによって、次々に新たなビジネスを生み出し、その結果として個々の課題も解決されていく持続可能な社会というイメージだ。これまでパリ協定やSDGs、Society 5.0などのビジョンが個別に示されてきたが、これらの先にある具体的な社会像ともいえる。本プロジェクトは高齢化、過疎化などの問題が顕在化している鹿児島県種子島を舞台に、総括プロジェクト機構「プラチナ社会」総括寄付講座の研究成果に基づき、プラチナ社会の実装に取り組む。

Project

　種子島でプラチナ社会を実現するためには、地域の人や資源と、地域の外側の人や技術を適切につなげることが必要となる。しかし、一般に研究開発と社会実装の間には、コミュニケーション、ネットワーク、予算、タイミングなど様々な面で越えがたいデスバレー（死の谷）があるといわれており、これが最大の課題だった。そこで本講座は、島内の課題を見極め、その解決につながる外部の

イノベーションエコシステム
経済産業省は今後の日本がめざすべきイノベーションエコシステムを、①事業会社とベンチャーの価値共創によって新たな付加価値を創出すること、②大学・国研の知が産学融合によってシームレスかつ迅速に市場へとつながること、③これらの結果、グローバルに通用するサービスを創出し、

企業・大学などの技術を見いだし、両者を結びつけるプラットフォームを構築することによってデスバレーを埋めることを最大の目的とした。

　その成果として、現在多数の大学・企業等が種子島に入り、地域産業、地域ブランド確立、島嶼マイクログリッド、森林資源、地域医療、健康管理、学校教育、観光などの観点で活動している。

　なかでも本講座が主体となっている代表的な取り組みのひとつが、農工横断的解析に基づくサトウキビ産業のシステム強化だ。種子島の主要生産物であるサトウキビは水と食料（糖）と燃料という要素をもっているが、従来は食料としての用途以外には十分には活用されてこなかった。そこで、外部からそれぞれ研究主体が異なる農業 AI（人工知能）、農産物品質管理、バイオマス化成品製造、バイオディーゼル製造、未利用エネルギー蓄熱利用などの技術を取り入れ、ネットワークを形成することにより、製糖工場に集まったサトウキビを有効利用するシステムを構築。島全体の産業を活性化し、島に入ってくる化石燃料を減らすことに貢献することをめざす。このほか、島民の健康診断受診率が低いという課題に着目。下野僚子特任助教が中心となって受診率が低い要因を調査し、地元医療機関と連携して、より丁寧に健診実施の周知に努めるといったとりくみも進めている。

その利益や人材を還流させることの３つを軸に、これらがシームレスにつながり、自律的かつ連続的にイノベーションが生み出されるシステムと定義している。

Society 5.0
「サイバー空間（仮想空間）とフィジカル空間（現実空間）を高度に融合させたシステムにより、経済発展と社会的課題の解決を両立する、人間中心の社会（Society）」の意。内閣府の『第5期科学技術基本計画』で日本がめざすべき未来社会の姿として定義された。狩猟社会、農耕社会、工業社会、情報社会に続く新たな社会をさす。

デスバレー（死の谷）
研究開発された技術が事業化や普及に結びつかない状態や、そのときの障壁。

マイクログリッド
大規模電力系統に接続されていない、小規模な電力ネットワーク。

バイオマス
生物体に由来する資源。特にここでは農林業や畜産業からの副産物や廃棄物をさす。

プロジェクトのメンバー
大久保達也 教授、**菊池康紀** 准教授、**下野僚子** 特任助教、**兼松祐一郎** 特任助教

所属｜工学系研究科（大久保）、未来ビジョン研究センター（菊池）、総括プロジェクト機構「プラチナ社会」総括寄付講座（下野、兼松）
専門分野｜化学工学（大久保）、プロセスシステム工学・ライフサイクル工学（菊池、兼松）、医療社会システム工学（下野）
研究テーマ｜新規技術システム・サービスの地域実装、質マネジメント

17 パートナーシップ 目標を達成しよう

行政を動かす宗教指導者に着目 インドの「ポスト開発と宗教」を考える!

現代インドにおけるポスト開発: 媒介と協同性のポリティクス

クローズアップ

インドの「ポスト開発」に必要なグルの存在

資源の枯渇や環境破壊が顕著になりつつあるインドでは、これまでのトップダウン型の開発に限界が見えはじめている。国が各地で様々なプロジェクトを計画しても、その後の行政手続きが滞って計画が進まないケースや、書類上だけ計画が完成していたケース、また国の方針が地元の要望とかけ離れていたというケースもある。

「ポスト開発」として注目されているのが、ボトムアップ型の開発を可能にする各地の「グル」(宗教指導者) の存在だ。グルとは、サンスクリット語 (インド等で用いられた古代語) の「重々しい、荘重な」という意味の語から派生し、「師」や「指導者」をさす。インドの村落社会でグルは信徒集団の信仰の対象となり、信頼され、村落の揉め事から家庭内の問題まで幅広く解決する役割も果たしている。このグルが「媒介者」となり、地元の要望を聞いて政府に働きかけ、止まっていたプロジェクトが動きだした例が各地で見られている。

Project

現在、インドでは干ばつが続いて各地で水不足が深刻化している。原因のひとつが、食糧生産を飛躍的に向上させた 1970 年代以降の「緑の革命」だ。農業の近代化が果たされてインドは穀物の輸出国になる一方、地下水を大量に使用したことでその水位が下がり、100m 以上掘ってようやく地下水にたどり着くところも多い。その結果、各地で何百、何千とある貯水池が干上がり、人々

グル (宗教指導者)
インドと日本とでは社会構造が異なるため理解が難しいが、グルは世捨て人となって家族をもたない宗教指導者であり、シシャと呼ばれる弟子はグルへの絶対的な帰依と服従の関係の中で教えを受け、宗教的覚醒をめざす。宗教に限らず、芸能や学問の領域でもグルとシシャの関係が形成されて

の生活や農業に大きな影響が出ている。

　インド各地では貯水池に水を戻して地下水レベルを上げる運動が起こり、政府は各地で灌漑（かんがい）プロジェクトを計画したが、何十年も止まったままになっている地域も多く、村落の人々が計画着手を求めてハンガーストライキなどをしてもまったく通じない。

住民と会話するインドのグル

　ところがある地域では、人々の要望を受けたグルが政府の担当大臣に直接電話をかけ、貯水池に水が戻れば政府の利益にもなると説得した。止まっていた灌漑プロジェクトは動きだし、電気ポンプを利用して川の水を貯水池に流す揚水灌漑が完成した。

　国や外国の援助による計画がスムーズに進まないなか、地元の人々だけでは資金的に小規模プロジェクトの実現すら難しい。その存在によって国の計画が進む例が各地で見られた結果、グルは人々のために献身的になれるリーダーとして再評価されている。それは開発と宗教、または国家と宗教の関係を考え直す大きなきっかけでもあり、本プロジェクトはそれをテーマとしている。

いる。村落社会では、人々が信徒集団となってグルと信仰・信頼関係を築き、グルは人々の精神的・物質的な希望に応える存在になっている。

緑の革命 (Green Revolution)
発展途上国の人口増による食糧危機を克服するため、多く収穫できる農作物を開発して普及させる農業革命のこと。1940年代にメキシコ政府が取り組んだ小麦の開発がはじまりとされる。1960年代に入りアジア各国でも行われるようになった。食糧増産は果たされたが、農薬の使用等による環境破壊などが進んだ。この反省から、近年は各地の実情にあった在来品種の作付けなどが見直されている。

プロジェクトのリーダー
池亀 彩 准教授

所属｜東洋文化研究所新世代アジア研究部門
専門分野｜文化人類学
研究テーマ｜南アジアにおける宗教と民主主義

監修者紹介

東京大学未来社会協創推進本部（FSI）

東京大学憲章に示した「世界の公共性に奉仕する大学」としての使命を踏まえ、地球と人類社会の未来への貢献に向けた協創を効果的に推進する目的で、2017年7月東京大学に総長を本部長とする全学体制の組織として設置された。本書で紹介したSDGs（国連の持続可能な開発目標）に貢献する研究プロジェクトの他、学際融合および新分野の創出、グローバル化の戦略的推進、多様なセクターとの協働・価値創出の場の提供などを柱に、「知の協創の世界拠点」をめざして様々なプロジェクトを推進している。

インタビュー・執筆協力

水島吉隆、永山八重、伊藤敬太郎、島村枝里、柳田京子、
高橋哲朗、田口由大、坂田拓也

東大×SDGs
先端知からみえてくる未来のカタチ

2021年3月19日　第1版第1刷印刷
2021年3月29日　第1版第1刷発行

監　修　　　　東京大学未来社会協創推進本部
発行者　　　　野澤武史
発行所　　　　株式会社 山川出版社
　　　　　　　〒101-0047
　　　　　　　東京都千代田区内神田1-13-13
　　　　　　　電話　03 (3293) 8131 [営業]
　　　　　　　　　　03 (3293) 1802 [編集]
　　　　　　　振替　00120-9-43993
　　　　　　　https://www.yamakawa.co.jp/

印刷・製本　　図書印刷株式会社
装幀　　　　　Malpu Design（清水良洋）
本文デザイン　Malpu Design（佐野佳子）